MOSAIK

Hinweis
Während des Mosaiklegens Schutzkleidung und Schutzbrille tragen! Beachten Sie die empfohlenen Sicherheitshinweise. Für eventuelle Nachteile und Schäden, die aus den im Buch gemachten praktischen Hinweisen resultieren, übernehmen weder der Autor noch der Verlag eine Haftung.

EVERGREEN is an imprint of Benedikt Taschen Verlag GmbH

© für diese Ausgabe: 1999 Benedikt Taschen Verlag GmbH
Hohenzollernring 53, D–50672 Köln

The Art & Crafts of Mosaics
© 1998 Quarto Publishing plc
The Old Brewery
6 Blundell Street
London N7 9BH

Übersetzung: akapit verlagsservice, Berlin
Satz: akapit verlagsservice, Berlin
Koordination: Katrin Becker, Köln

Printed in Singapore
ISBN 3–8228–6939–2

INHALT

Einführung   6

1. Kapitel: Zu Beginn

Materialien und Ausrüstung   **10**
  Tesserae   10
  Oberflächen   12
  Leime und Klebstoffe   13
  Werkzeuge   14
  Schutzausrüstung   15
  Arbeitsplatz   16
  Werkzeuge für den Entwurf   17

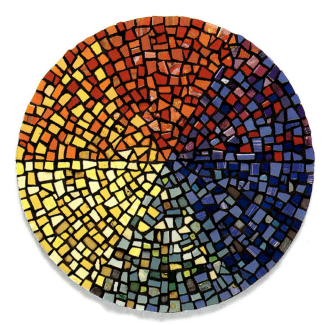

Ein Mosaik gestalten   **18**
  Opus   21
  Auswahl der Farben   22
Grundtechniken   **26**
  Schneidetechniken   26
  Formen schneiden   27
  Direktes Mosaiklegen   28
  Indirektes Mosaiklegen   31

2. Kapitel: Mosaikarbeiten

Klassische Muster	**36**
Geometrischer Marmorfußboden	38
Spiegelrahmen mit Wellenband	42
Marmordecke	46
Byzantinisches Kästchen	50

Mexikanische Muster	**54**
Kaktus-Wandbild	56
Mexikanischer Kamin	60
Aztekisches Schlangenwandbild	64
Mexikanischer Blumenkasten	68

Islamische Muster	**72**
Geometrische Tischplatte	74
Islamisches Wandbild	78
Kästchen mit Kelimmuster	82

Fernöstliche Muster	**86**
Spiegel in Handform	88
Untersetzer mit Schmetterling	92
Libellenvase	96
Spritzschutz mit Wellenmotiv	100

Moderne Muster	**104**
Goldene Kerzenhalter	106
Blaues Wandbild	110
Bunte Tür	114
Spiegelbadezimmer	118
Jugendstil-Bilderrahmen	122

Register	**126**
Danksagung	**128**

EINFÜHRUNG

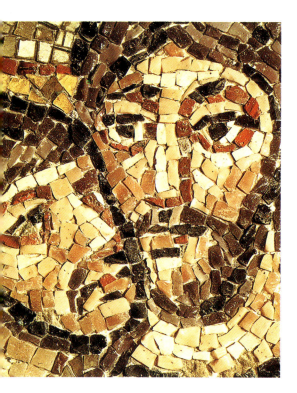

Das Mosaik ist eine dekorative Kunstform, bei der mit „Tesserae"– kleinen Stücken aus Glas, Marmor, Keramik oder Stein – Bilder oder Muster gelegt werden. Diese Kunst ist sehr anpassungsfähig, und über die Jahrhunderte wurden unzählige Variationen an Motiven, Materialien, Farben und Anwendungsmöglichkeiten entdeckt. Das Mosaiklegen hat sich über Jahrhunderte hinweg kaum verändert. Obgleich es eine der ältesten Kunstformen ist, hielt es dem Wandel der Zeiten stand und erfreut sich wieder wachsender Beliebtheit als vielseitiges, zeitgemäßes Handwerk.

Dieses Mosaik des 6. Jh.s aus der Kirche Sant´ Apollinare Nuovo in Ravenna zeigt, welche Detailgenauigkeit mit unterschiedlichen Naturfarbtönen erreicht wurde.

Die Entwicklung der Mosaikkunst ist nicht lückenlos nachvollziehbar. Über bestimmte Zeiträume florierte sie, dann wiederum wurde sie jahrhundertelang kaum beachtet und tauchte anschließend in räumlich voneinander getrennten Kulturen wieder auf.

Die frühesten Mosaiken wurden in Kleinasien und in den Gärten des alten China entdeckt. Sie bestanden aus relativ einfachen, aus Kieselsteinen gefertigten Mustern. Mit der Zeit ersetzten dann kleinere Kiesel die größeren, da die Muster mehr und mehr verfeinert wurden. Die Kiesel wurden dichter gesetzt, einige wurden zusätzlich bemalt, um mehr Farben zu erhalten, und später wurden die Umrisse mit einem Rand abgesetzt.

Tesserae wurden etwa 400 v. Chr. erstmalig verwendet. Sie bestanden aus zu Würfeln behauenem Naturstein. So konnte man die einzelnen Teile noch viel dichter aneinander setzen, um dem Motiv eine größere Genauigkeit zu verleihen. Die frühen Mosaiken dienten sowohl dem praktischen Nutzen als auch dem künstlerischen Ausdruck. Die alten Griechen setzten erstmalig Kiesel zur Gestaltung von Fußböden ein. Die Azteken benutzten die Technik, um rituelle Gegenstände mit kostbaren Steinen zu bedecken. Man nimmt an, daß in Pompeji Schreine und Mosaiken an Außenwänden eine Illusion von Raumgröße selbst in kleinsten Hinterhöfen erzeugen sollten. Die Wände von byzantinischen Kirchen waren mit stark lichtreflektierenden Mosaiken bedeckt, die biblische und himmlische Szenen zeigten.

Durch Eroberungsfeldzüge, Handel und Religion entstanden Weltreiche, und die Nachfrage nach Mosaiken wuchs. Dadurch, daß wandernde Künstler ihre Fertigkeiten weitergaben, verfeinerte sich die Technik, bis sich schließlich das Wissen um Mosaiken über die ganze Welt verbreitet hatte. Kleinstmosaiken, die aus winzigen, eng gesetzten Tesserae gelegt wurden, waren in der Renaissance weit verbreitet. Obgleich diese von ausgefeiltester Technik zeugten, schien es ihnen doch an dem gewissen künstlerischen Etwas zu mangeln. Man betrachtete sie eher als alternative Ausdrucksform für Künstler und weniger als eigenständige Kunstform, wie es heute der Fall ist.

Zu Beginn dieses Jahrhunderts waren Mosaiken wieder sehr modern. Im Jugendstil wurden sie besonders zur Dekoration benutzt, und dieses wiedererweckte Interesse griffen sowohl die Künstler als auch die Architekten auf. Einer der bekanntesten Architekten dieses Jahrhunderts, Antoni Gaudí, verhalf dem

Detail aus der Schah-Moschee in Isfahan. Feine, nichtfigürliche Details des islamischen Mosaiks wurden häufig aus paßgenau geschnittenen Stücken gearbeitet, die eine Gestaltung äußerst komplexer Muster erlaubten.

Dieses römische Innenmosaik aus El Djem, Tunesien, zeigt einen interessanten Kontrast zwischen dem abstrakten Randmuster und den realistischen Details der Drosseln.

Mosaik buchstäblich zu neuen Höhen, bedeckte Hauswände, Parkbänke und sogar Dachfirste in Barcelona mit einer Vielzahl von bunten Mosaikfliesen und wurde so zum Vorbild für viele Mosaikkünstler.

Es ist nicht weiter verwunderlich, daß während und auch eine Weile nach den beiden Weltkriegen das Mosaiklegen in Vergessenheit geriet.

In den 50er Jahren erlebte das Mosaik eine Wiedergeburt als Belag für Gebrauchsgegenstände aller Art. Glücklicherweise überlebte die Mosaikkunst unbeschadet diese Phase, in der alle verfügbaren Wandflächen mit matten, leblosen Schwimmbadfliesen bedeckt wurden. Heutzutage erfährt das Mosaik einen erneuten Auftrieb und wird zunehmend als Stilelement in Kunst und Architektur eingebunden.

Im Laufe der Jahrhunderte haben sich die Voraussetzungen geändert. Mosaiken müssen nicht länger vorgeschriebenen Prinzipien entsprechen. Der Künstler genießt heute in seiner Arbeit völlige Freiheit des Ausdrucks und hat Zugang zu einer riesigen Auswahl an verschiedenen Materialien und Farben. Sie sollten sich sowohl vom großen Reichtum des klassischen als auch des modernen Mosaiks inspirieren lassen. Sie werden feststellen, daß Mosaiken weit interessanter sein können als jene, denen Sie im täglichen Leben begegnen. Sie finden Mosaiken z. B. als Hausverkleidung der Nachkriegsarchitektur in der Mitte unseres Jahrhunderts, in den Fußgängerzonen der Einkaufsstraßen aus den 70er Jahren oder in düsteren Fußgängerunterführungen. Die Beispiele und Ideen, die in diesem Buch gezeigt werden, sollen nur eine Anregung geben – eigentlich ist fast alles möglich.

Lassen Sie Ihrer Vorstellungskraft freien Lauf, lassen Sie sich von Dingen aus Ihrem Umfeld inspirieren, verwenden Sie ungewöhnlich oder besonders schön geformte Scherben und Steine, experimentieren Sie mit unüblichen Farbkombinationen, oder lassen Sie die Tesserae selbst auf Sie wirken. Beim Mosaiklegen gibt es keine schnellen oder vorgefertigten Lösungen – es ist eine Arbeit, die viel Liebe und Hingabe erfordert.

Der geometrische Fries aus dem Mausoleum der Galla Placidia in Ravenna, Italien, wirkt durch die leuchtenden Farben und die dreidimensionale Wirkung sehr modern, stammt aber aus der Zeit des byzantinischen Kaiserreiches.

Zu
Beginn

Sie benötigen nicht viel, um Ihr erstes Mosaik zu legen. Es genügen eine einfache Zeichnung, ein paar alte Fliesen und ein Minimum an Werkzeugen. Bald werden Sie feststellen, daß das Fertigen von Mosaiken eine fesselnde, angenehme und zudem kostengünstige Tätigkeit ist, denn schon mit einfachsten Techniken erzielt man beeindruckende Ergebnisse. Aber aufgepaßt, wenn Sie erst einmal damit angefangen haben, kommen Sie nicht mehr davon los!

Materialien und Ausrüstung

Tesserae

„Tessera" ist der lateinische Begriff für „Würfel". Ein Mosaik setzt sich aus vielen Tesserae zusammen. Es gibt sie in den verschiedensten Materialien, deren jeweilige Eigenschaften dem Mosaik eine ganz eigene Note verleihen.

Smalten

Dies ist das klassische Mosaikmaterial: kleine, rechteckige, aus handgezogener italienischer Glaspaste gefertigte Stücke; die Smalten. Da sie handgemacht sind, sind sie sehr teuer, dafür aber in großer Farbauswahl und verblüffender lichtreflektierender Qualität erhältlich. Die Größe der Teile variiert leicht zwischen 10x15 mm mit unterschiedlicher Dicke. Deshalb sind sie für bestimmte Arbeiten, wie z.B. Fußböden, ungeeignet. Aber gerade diese Unebenheit reflektiert das Licht so vielfältig und bringt das Mosaik zum Glitzern. Smalten werden nicht wie gewöhnlich verfugt: Sie werden in den Fliesenkleber gedrückt, so daß dieser in die Zwischenräume gepreßt wird und das Mosaik sich auf diese Weise sozusagen selbst verfugt. Für eine Fläche von ca. 30x30 cm benötigt man etwa 1,35 kg Smalten.

Gold- und Silbersmalten

Häufig wurden sie von byzantinischen Künstlern für die Herstellung religiöser Abbildungen verwendet. Sie bestehen ebenfalls aus handgefertigtem italienischem Glas, in das jedoch echtes Blattgold oder -silber eingepreßt wurde. Sie sind sowohl mit glatter als auch mit gewellter Oberfläche erhältlich. Auch die Rückseiten dieser Tesserae eignen sich zur effektvollen Verarbeitung, da sie durch das Gold eine glänzende, grüne Oberfläche aufweisen. Obgleich diese Tesserae teurer als herkömmliche Smalten sind, können schon sehr wenige, sparsam eingesetzte Teile ein Glitzern bewirken und ein ansonsten eher düsteres Mosaik in ein schimmerndes Kunstwerk verwandeln.

Flaches Glas

Diese Tesserae bestehen ebenfalls aus Glas und werden in gleichmäßigen Quadraten industriell hergestellt. Die Oberseite ist glatt, die Unterseite zur besseren Haftung geriffelt. Als Material für Anfänger sind sie ideal, da sie dünn, flach und leicht zu schneiden sind. Sie ergeben eine ebene Oberfläche, weshalb sie sich für die verschiedensten Vorhaben eignen. Tesserae aus flachem Glas sind in einer großen Farbauswahl erhältlich und können einzeln oder auf Papierbögen aufgezogen erstanden werden.

Keramikfliesen

Die Auswahl an Farben, Oberflächen und Mustern von Haushaltsfliesen ist unendlich. Sie sind preiswert, leicht zu schneiden und können wirkungsvoll eingesetzt werden. Trotz dieser Vielseitigkeit sind sie für manche Vorhaben, wie z. B. Außenmosaiken, wegen ihrer Frostempfindlichkeit ungeeignet. Vielleicht haben Sie einige alte, übriggebliebene Fliesen, mit denen Sie Schneidetechniken üben können.

Keramiktesserae

Sie werden aus glasiertem Ton hergestellt und sind in einer begrenzten Auswahl von Farben, meist Tönen in Braun, Ocker, Terrakotta und Schwarz, und mit matter Oberfläche zu finden. Ihr Härtegrad ist hoch, weshalb sie sich gut für Fußböden eignen. Der Nachteil ist, daß sie bei schlechter Versiegelung leicht verschmutzen können. Man kann sie einzeln oder auf Gaze geklebt kaufen.

Fundstücke

Zerbrochene Teller, Knöpfe, Perlen, Flaschenverschlüsse, buntes Glas, Spiegel, Muscheln, Kieselsteine... Solange man es brechen, schneiden und zu einem Muster legen kann, eignet sich fast alles. Zerbrochene Keramik ist gutes Mosaikmaterial, aber meist frostempfindlich und nicht für den Außenbereich und wegen des geringen Härtegrades nicht für Fußböden geeignet.

Oberflächen

Fast jede Oberfläche eignet sich für ein Mosaik. Zuerst muß sie gut vorbereitet werden und robust, trocken und stabil genug für das Gewicht des Mosaiks sein. Wenn auf Möbeln oder an Wänden gearbeitet wird, prüfen Sie, ob Türen und Schubladen noch einwandfrei zu öffnen sind, und arbeiten Sie um feste Installationen, wie Griffe, Schalter und andere Elektroinstallationen, herum.

Keramik
Wählen Sie einen kräftigen, schweren Untergrund, wenn Sie ein Mosaik auf Keramik anbringen. Gartenkübel und Übertöpfe aus Terrakotta eignen sich genauso gut wie solide Teller, Schalen und Vasen. Bringen Sie ein Mosaik auf einer glatten Oberfläche an, rauhen Sie diese vorher mit Sandpapier an und bereiten die Fläche so vor, daß der Kleber gut haften kann.

Holz
Viele der hier vorgestellten Arbeiten sind auf hölzernem Untergrund aufgetragen. Mittelschwerer Preßspan oder auch Sperrholz stellen eine preiswerte und vielseitige Alternative dar, da sie leicht mit einer Feinsäge zu zerschneiden sind. Sie sollten jedoch nicht draußen verwendet werden, da sie sich bei Feuchtigkeit verformen. Holzmöbel oder -rahmen eignen sich ebenfalls gut als Mosaikgrund. Lackierte oder gestrichene Holzflächen müssen Sie allerdings zuerst mit grobem Sandpapier abschleifen und dann mit einer Mischung aus Spezialkleber und Wasser versiegeln und grundieren.

Glas
Sie können ein Mosaik auch auf Glasflächen wie Flaschen oder Vasen aufbringen. Hierfür bedarf es eines Spezialglaskleber, damit die Tesserae nicht verrutschen. Bemaltes Glas verleiht dem Mosaik einen interessanten Effekt, z. B. bei einem Kerzenhalter, wenn das Flackern der Flamme durch das Glas zu einem vielfarbigen Glitzern wird.

Metall
Auch Metallflächen eignen sich für ein Mosaik, z. B. ein Gartentisch. Die Oberfläche muß vor dem Grundieren mit Metallwolle aufgerauht und von allen Roststellen befreit sein.

Zement
Wenn Sie Zweifel haben, ob sich ein Boden zum Verlegen von Mosaiken eignet, empfiehlt es sich, den Rat eines Fachmanns einzuholen. Sollten Sie tatsächlich von Anfang an alles selbst machen wollen, muß der Boden auf jeden Fall fachmännisch geglättet und vollkommen trocken sein, bevor mit der Mosaikverlegung begonnen wird.

MATERIALIEN UND AUSRÜSTUNG **13**

Leime und Klebstoffe

Während des Mosaiklegens kommen verschiedene Leime und Klebstoffe zur Anwendung. Welcher der Kleber sich am besten eignet, hängt von der gewünschten Größe und Plazierung des Mosaiks ab.

Weißleim, Spezial- bzw. Dispersionkleber
Dies ist ein vielseitiger Klebstoff, der sich sowohl für das sofortige Ankleben der Tesserae bei der direkten Methode als auch für das vorbereitende Versiegeln der Oberflächen für spätere Mosaiken eignet und hierbei im Verhältnis von einem Teil Leim zu vier Teilen Wasser eingesetzt wird. Diese Lösung wird auf die Oberfläche aufgebracht und muß gut durchgetrocknet sein, bevor man mit dem Ankleben des Mosaiks beginnt.

Epoxidharz
Dies ist ein Zwei-Komponenten-Kleber, den man entweder in zwei Spritzen oder Tuben erhält, durch die Harz und Kleber getrennt sind. Die Anteile werden nach Angaben des Herstellers – meist zu gleichen Teilen – zusammengemischt, um einen starken Kleber zu erhalten, der sich für die direkte Methode, d. h. das Drücken der Tesserae direkt in den Kleber im Außen- und Innenbereich eignet. Bei Epoxidharzklebern ist es wichtig, in einem gut belüfteten Raum zügig zu arbeiten, da der Kleber schnell trocknet und unangenehm riecht.

Tapetenkleister
Dies ist ein Klebstoff auf Wasserbasis, mit dem Tesserae bei der indirekten Verlegetechnik vorübergehend auf Papier festgeklebt werden. Arbeitet man mit gummiertem Paketpapier, benötigt man keinen weiteren Zusatz; einfach das Papier befeuchten, bevor man die Tesserae aufklebt.

Mörtel
Mörtel ist in großer Auswahl erhältlich. Einige Sorten eignen sich mehr für die Verwendung im Außenbereich, einige sind wasserfester, einige trocknen schneller als andere. Vielleicht möchten Sie lieber vorgefertigen Mörtel kaufen, obgleich pulverförmiger Mörtel sehr einfach in der Vorbereitung und viel sparsamer im Verbrauch ist. Sie können auch gefärbten Mörtel erwerben oder ihn selbst einfärben, indem Sie ihn mit Farbe versetzen. Häufig erscheint feuchter Mörtel farbintensiver. Machen Sie einen Test und lassen Sie ihn über Nacht abbinden, um ein gutes Beispiel für das Endresultat zu erhalten.

Zement
Zement ist hart, preiswert und für die meisten Arbeiten, sowohl im Innen- als auch im Außenbereich, vielseitig einsetzbar. Seine natürliche Färbung ist eher hellgrau, kann aber leicht durch Beigabe von Zementfarbstoffen verändert werden. Da die Zementfarbstoffe sehr intensiv und dauerhaft sind, sollte in jedem Fall ein Färbetest gemacht werden. Bei der Arbeit mit Zement sollten Sie Gummihandschuhe tragen und das nicht angemischte Pulver in einem Plastikbehälter trocken lagern.

Werkzeuge

14 ZU BEGINN

Lassen Sie sich nicht von der Anzahl der Werkzeuge abschrecken, die Sie für ein Mosaik benötigen, denn bei den meisten handelt es sich um übliche Haushaltsgeräte. Dennoch werden Sie einiges in Eisenwaren- oder anderen Fachgeschäften erwerben müssen.

Zum Schneiden und Kleben der Tesserae
1 Flachpinsel
2 Hartmetallfliesenschneider
3 Glasschneider
4 Fliesenbrechzange
5 Kneifzange
6 Hammer und Untermeißel (nicht abgebildet, s. Schneidetechniken, S. 26)

Zum Reinigen
7 Lappen
8 Schwamm
9 Scheuertücher und Sandpapier

Zum Verarbeiten von Mörtel
10 Schüssel
11 Glättkelle, gezahnt
12 Zahnspachtel
13 Verfuger
14 Spachtel
15 Maurerkelle
16 Eimer (nicht abgebildet)
17 Plastikbehälter (nicht abgebildet)

MATERIALIEN UND AUSRÜSTUNG **15**

Schutz-
ausrüstung

Tragen Sie während der Arbeit immer geeignete Schutzkleidung. Beim Schneiden von Tesserae müssen Sie stets Vorsichtsmaßnahmen treffen, um sich vor Unfällen durch sehr scharfe Splitter zu schützen. Auch können Staubpartikelchen Augen und Lunge reizen.

Schuhe (nicht abgebildet)
Mit festem Schuhwerk schützen Sie Ihre Füße vor übersehenen Glasscherben.

Schürze
Schützt Ihre Kleidung.

Schutzbrille
Sollten Sie unbedingt während des Schneidens tragen, damit keine Splitter in die Augen gelangen.

Gummihandschuhe
Vielleicht werden Sie feststellen, daß sich Latexhandschuhe besser für feine Arbeiten, wie das genaue Zuschneiden und Einpassen der Tesserae, eignen.

Staubmaske
Damit Sie keine Staubpartikelchen einatmen.

Handschaufel und –feger
Fegen Sie jeglichen Abfall auf; spitze Scherben können gefährlich sein.

16 ZU BEGINN

Arbeitsplatz

Möglicherweise haben Sie ein freies Zimmer oder etwas Raum in der Garage, um Ihren Arbeitsplatz einzurichten. Einige Grundvoraussetzungen müssen aber immer gegeben sein.

Lagerfläche
Glasgefäße und durchsichtige Plastiktüten eignen sich am besten dafür, die Tesserae zu lagern. Die Regale sollten die schweren Gläser auch tragen können. Pulverförmiger Mörtel und Zement müssen trocken in geschlossenen Behältern aufbewahrt werden.

Gute Lichtverhältnisse
Diese benötigt man sowohl am Tage als auch am Abend. Für die Arbeit an feinteiligen Stellen ist eine gute Beleuchtung unumgänglich.

Belüftung
Das Anfertigen von Mosaiken kann ein sehr schmutziges Unterfangen sein. Der Staub, der durch das Brechen der Tesserae entsteht, ist oft so fein, daß Sie ihn nicht sehen können. Außerdem enthalten manche Kleber schädliche Dämpfe, so daß für gute Belüftung gesorgt werden muß.

Wasser
Ein Wasseranschluß ist sehr wichtig: Sie werden während vieler Arbeitsphasen Wasser benötigen, um Mörtel und Zement anzumischen und natürlich zum Saubermachen.

Zeichentisch
Wenn der Platz es zuläßt, ist ein weiterer „sauberer" Tisch in der Nähe eines Fensters oder einer anderen natürlichen Lichtquelle von Vorteil, an dem Sie zeichnen und entwerfen können.

Werkbank
Dies sollte ein starker, solider Tisch sein, an dem Sie sowohl im Sitzen als auch im Stehen arbeiten können.

Tragen Sie während der Arbeit stets Schutzkleidung. Bringen Sie keine Lebensmittel und Getränke zu Ihrem Arbeitsbereich, wenn Sie die Tesserae schneiden. Auch sollten Kinder und Tiere ferngehalten werden.

Außenbereich
Wenn Sie draußen arbeiten können, sollten Sie dies für besonders schmutzintensive Arbeiten, wie das Anrühren von Mörtel oder Zement, wahrnehmen. Sie werden sicherlich auch lieber draußen arbeiten, wenn Sie einzementierte Mosaiken mit starken chemischen Reinigern, wie für Fußböden oder Terrassen üblich, säubern wollen.

Fußboden
Ein glatter Fußboden kann bequem gefegt und geschrubbt werden. Auf einem Teppich sollten Sie dagegen vor Arbeitsbeginn ein altes Laken auslegen und verstreute Scherben mit einem Staubsauger beseitigen.

MATERIALIEN UND AUSRÜSTUNG **17**

Werkzeuge für den Entwurf

Lassen Sie sich nicht von der Menge der Werkzeuge entmutigen, die Sie für das Entwerfen benötigen, denn bei den meisten handelt es sich um Alltagsgegenstände. Einiges werden Sie jedoch im Fachhandel kaufen müssen.

1 Skalpell oder Schneidemesser
2 Markierstifte
3 Zirkel
4 Bleistifte
5 Skizzenblock
6 Lineal
7 Millimeterpapier
8 Pauspapier
9 Gummiertes Packpapier

Ein Mosaik gestalten

Es gibt keine strengen und festen Regeln, nach denen ein Mosaik gelegt werden muß, aber dennoch sollten Sie einige Punkte beachten, bevor Sie mit Ihrem ersten Mosaik beginnen: Das wichtigste ist die Idee – also das Bild oder Muster aus den Tesserae und die spätere Plazierung des fertigen Mosaiks. Fangen Sie mit etwas Einfachem an, vielleicht mit einem kleinen Gegenstand oder Wandbild. Widerstehen Sie der Versuchung, gleich zu Beginn etwas Anspruchsvolles realisieren zu wollen.

Diese moderne Skulptur bedient sich sowohl klassischer als auch moderner Stile und wird dadurch zu einem einzigartigen Stück mit mediterranem Design.

Die Technik und ihre Feinheiten können Sie nur durch viel Übung erlernen und beherrschen, deshalb kann ein zu großes, kompliziertes Projekt gleich zu Beginn schnell dazu führen, daß Sie frustriert werden und die Lust verlieren. Das Fertigen eines Mosaiks erfordert große Konzentration und viel Geduld. Fehler sind anfangs unvermeidlich, aber mit Ausdauer und viel Zeit zum Üben gelangen Sie schnell zu erstaunlichen Ergebnissen.

Zuerst müssen Sie sich überlegen, wie und wo das fertige Mosaik später angebracht werden soll, und ob es auch wirklich an die vorgesehene Stelle paßt. Ein großes Mosaik in einem kleinen Raum kann erdrückend wirken – denn der Betrachter sollte sich das Mosaik als Ganzes aus einiger Entfernung ansehen und nicht jede Tessera einzeln. Deshalb sollte das Design auch auf die Oberfläche des Objektes abgestimmt sein. Auf einem runden Gegenstand, wie z.B. einer Vase oder einem Topf, muß das Muster möglicherweise verändert und den Wölbungen angepaßt werden. Auch Details haben einen bestimmten Platzbedarf. Möglicherweise ist auch das Muster an sich zu kompliziert für z.B. einen schmalen Bilderrahmen. In diesem Fall muß es vereinfacht werden. Zu viele Muster auf sehr geringem Platz sind einem schönen Design nicht unbedingt dienlich. Viel wirkungsvoller ist es, einzelne Elemente des Musters hervorzuheben und so zu betonen, daß sie sich der Form des Objekts angenehm anpassen. Jedes Design kann dem gewünschten Verwendungszweck angepaßt werden, und manche Designs eignen sich einfach besser für bestimmte Zwecke.

Versuchen Sie, beim Entwerfen eines Projekts, wie z.B. einem neuen Badezimmer, der Versuchung zu widerstehen, trendgemäß in aktuellen Saisonfarben zu arbeiten. Wenn Sie schließlich mit Ihrem Traumbadezimmer fertig sind, werden Sie wahrscheinlich feststellen, daß sich die Mode in der Zwischenzeit verändert hat. Bedenken Sie die Kosten an Zeit und Material. Wenn ein ganzes Fußbodenmosaik nicht zu realisieren ist, beschränken Sie sich auf eine Treppenstufe oder eine einzelne Bodenplatte. Verfahren Sie ähnlich, wenn das Anbringen ganzer Mosaikwände nicht möglich ist, und konzentrieren sich lieber auf eingelassene Wandbilder. Gegenstände wie Schachteln, Tische und Rahmen müssen stabil genug für das Gewicht der Tesserae sein. Dies ist noch mehr bei Wänden und Böden zu beachten, besonders wenn Sie mit sehr schweren Materialien wie Marmor arbeiten. Haben Sie Zweifel an der Stabilität und Tragfähigkeit einer Wand oder eines Bodens, sollten Sie vor dem Beginn der Arbeiten den Rat eines Fachmanns einholen.

Bevor Sie in teure Materialien investieren, schauen Sie sich in Ihrer näheren Umgebung nach Dingen um, die Sie als Tesserae verwenden könnten, wie z. B. übriggebliebene Badfliesen oder Ton- und Porzellanscherben. Mit diesen Materialien können Sie Schneidetechniken üben und lernen, richtig mit dem Werkzeug umzugehen. Am Anfang kann das Schneiden der Tesserae sehr mühselig sein, aber wenn Sie die folgenden Richtlinien beachten und genug Geduld aufbringen, wissen Sie bald, worauf es ankommt und welches die für Sie günstigste Arbeitsweise ist.

Die verschiedenen Materialien der Tesserae haben spezielle Eigenschaften, die sich von der Ästhetik und vom praktischen Einsatz her für manche Projekte besser und für manche schlechter eignen. Die Smalten sind außergewöhnlich lichtreflektierend und in einer großen Vielfalt von kräftigen Farben erhältlich. Obwohl sie kostspielig sind, können sie – sparsam eingesetzt – einem eher ausdrucksschwachen Mosaik einen besonderen Glanz verleihen. Da Smalten aus Glaspaste gefertigt werden, eignen sie sich nicht zur Verarbeitung bei Fußbodenmosaiken. Tesserae aus flachem Glas sind glatt und sehr stabil. Sie werden gewöhnlich für Schwimmbäder und als Wandmosaiken im Bauwesen verwendet. Diese Tesserae sind vielseitig nutzbar und halten allen Anforderungen stand. Keramikfliesen sind eine ideale Möglichkeit, um besonders großflächige Bereiche zu gestalten, da die Verarbeitung einfach und die Farbauswahl schier unerschöpflich ist. Für ein Mosaik im

An alten Badezimmerfliesen kann man hervorragend Schneidetechniken üben.

Außenbereich sollte man aber die Herstellerbeschreibung der Fliesen beachten, da nicht alle Fliesen frostfest sind. Die Tesserae sollten zum Umfeld und zu dem gewählten Objekt passen. Machen Sie sich deshalb auch rechtzeitig über den geeigneten Mörtel Gedanken. Er soll die Tesserae nicht nur verbinden, sondern sie auch im Mosaik hervorheben.

Der Schlüssel zu einem wirkungsvollen Mosaik liegt in der Schlichtheit: Vergessen Sie nicht, daß Sie ein Mosaik herstellen wollen und nicht ein Gemälde oder eine Illustration. Inspiration für Ihre Arbeit können Sie überallher bekommen, lassen Sie sich von Ihrer näheren Umgebung anregen: Lesen Sie Bücher, schauen Sie sich Stoffe und Porzellan an, besuchen Sie Galerien,

Inspiration für ein Design kann man überall finden. Machen Sie Skizzen von Gegenständen, um ein Gefühl für Formen zu bekommen, und entwickeln Sie eigene, interessante Entwürfe.

20 ZU BEGINN

Fertigen Sie so viele Skizzen wie möglich, probieren Sie verschiedene Variationen aus und spielen Sie mit den Farben, bevor Sie sich an die eigentliche Arbeit – das Mosaiklegen – machen.

Wenn man sich genug Zeit für Planung und Gestaltung läßt, kann man erstaunliche Ergebnisse erzielen.

Parks, Zoos, historische Gebäude, Museen und Kirchen. Konzentrieren Sie sich dabei nicht auf das genaue Kopieren von Motiven, versuchen Sie lieber, die Anregungen in Ihre persönlichen Entwürfe einzubeziehen. Sie müssen dafür kein begnadeter Künstler oder Konstruktionszeichner sein, bringen Sie Ihre Idee erst einmal einfach zu Papier. Von dieser ersten Skizze ausgehend zeichnen Sie dann eine weitere, bei der Sie sich auf klare, prägnante Formen beschränken. Wenn Ihnen das Design zusagt, zeichnen Sie es noch einmal in den exakten Ausmaßen des geplanten Mosaiks auf Millimeterpapier nach. Beachten Sie bei Ihrem Motiv, daß das Verhältnis von Fugen zu Mustern und von Vorder- zu Hintergrund beibehalten wird. Dies ist viel einfacher, wenn das Motiv in Originalgröße vorliegt. Nehmen Sie nun die gewünschten Tesserae und legen sie zunächst lose auf die Zeichnung. So erhalten Sie einen genauen Eindruck vom späteren Ergebnis und können die Teile so lange verschieben, bis Sie ganz zufrieden sind. Mit der Zeit bekommen Sie einen Blick dafür, welche Stücke sich für ein gutes Design besonders eignen.

EIN MOSAIK GESTALTEN **21**

Opus

Die Art, in der die Tesserae geschnitten und arrangiert werden, verleiht einem Mosaik seinen ganz eigenen Rhythmus und eigene Bewegung. Jedes gelegte Stück gibt dem darauffolgenden die richtige Lage vor, und so wächst das Mosaik zu einem fließenden Ganzen zusammen. Es gibt unterschiedliche Techniken zur Verlegung der Tesserae, jede mit ihrer besonderen Note, die man in ihrer Gesamtheit „Opus" nennt.

Andamento
Dieses Wort beschreibt den Fluß oder die Linie des Mosaiks, die sich aus der Anordnung der Tesserae und der Mörtelfugen ergeben.

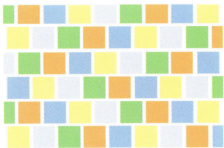

Opus Regulatum
Bei dieser ursprünglich römischen Technik werden gleichgroße Tesserae in horizontalen Linien übereinandergereiht (und nicht in vertikalen), wobei ein Versatzmuster – wie bei einer Ziegelwand – entsteht.

Opus Tesellatum
Quadratische Tesserae werden sowohl horizontalen als auch vertikalen Linien folgend aneinandergelegt, so daß die Fugen ein Gittermuster bilden.

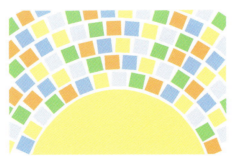

Opus Musivum
Diese Technik ist eine Weiterentwicklung des Opus Vermiculatum, bei der die Tesserae eine Umrißlinie weiterführen und so den gesamten Hintergrund ausfüllen. Dies bewirkt Bewegung und Rhythmus, die das Mosaik sehr lebendig wirken lassen.

Opus Vermiculatum
Quadratische Tesserae umrahmen das Hauptmotiv oder andere Einzelheiten des Vordergrunds, wobei deren Umrisse mit einer Linie exakt nachgezogen und auf eine sanfte, fließende, fast wurmähnliche Weise („vermis" ist das lateinische Wort für „Wurm") hervorgehoben werden. Durch diese Technik entsteht der optische Eindruck eines Lichthofes um das Hauptmotiv.

Fugen
Fugen sind die Lücken zwischen den einzelnen Tesserae. Sie spielen eine große Rolle bei der Zusammenfügung des Mosaiks und dem harmonischen Gesamteindruck. Die Beschaffenheit und Farbe von Zement und Mörtel in den Fugen prägen die Wirkung des Mosaiks wesentlich mit und sollten deshalb schon bei der Planung bedacht werden. Sehen Sie sich unter diesem Gesichtspunkt römische Mosaiken einmal genau an, und lassen Sie sich inspirieren.

Auswahl der Farben

Der Farbkreis erklärt das Verhältnis der Farben zueinander und ihre Mischtöne. Ein sechsfarbiger Farbkreis besteht aus den zwei wesentlichen Farbtypen: den Primär- und den Sekundärfarben.

Primärfarben sind Rot, Gelb und Blau. Sie sind reine Farben, die mit keiner anderen Farbe vermischt sind, und befinden sich im gleichen Abstand zueinander auf dem Farbkreis. Sekundärfarben sind Orange, Grün und Violett. Diese stehen zwischen den Primärfarben auf dem Farbkreis und sind Mischfarben der jeweils angrenzenden Primärfarben. Komplementärfarben sind die den Primärfarben genau gegenüberliegenden Farben im Farbkreis: Bei Rot ist es Grün, bei Gelb Violett, und bei Blau ist die Komplementärfarbe Orange. Die Komplementärfarbe einer Primärfarbe ist jeweils eine Mischung der beiden anderen Primärfarben: Grün enthält also kein Rot, Violett kein Gelb, und in Orange findet man kein Blau.

AUSWAHL DER FARBEN **23**

Kontrastfarben
Der größtmögliche Kontrast zwischen zwei Farben wird erreicht, wenn eine Primär- und eine Sekundärfarbe direkt nebeneinander liegen. Dies steigert die Farbwirkung. Komplementärfarben gleicher Intensität und Helligkeit lassen die Farben flimmern. Dieser Aspekt sollte bei der Wahl der Tesserae berücksichtigt werden, da das Auge vom eigentlichen Motiv abgelenkt und verwirrt wird. Ein guter Kontrast wird dagegen einfach durch einen Wechsel der Umfeld- oder Hintergrundfarbe erreicht: Farben wirken dunkler, wenn sie vor einem hellen Hintergrund, und heller, wenn sie vor einem dunklen Hintergrund stehen.

Die rote Fliese wirkt in einer helleren Umgebung dunkler.

Dieselbe Fliese wirkt viel heller zwischen dunklen Tesserae.

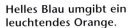

Helles Blau umgibt ein leuchtendes Orange.

Schattierungen und Farbtöne
Kräftige Umrisse um Details oder Motive können durch zwei verschiedene Töne derselben Farbe erreicht werden. Auch hier verstärken sich die Farben in ihrer Wirkung gegenseitig, lassen das Helle leuchtender und das Dunkle stärker hervortreten, wie z. B. bei dem hellen Hintergrund für ein schwarzes Motiv. Im Gegensatz dazu kann man kontraststarke Umrisse auch mit helleren Komplementärfarbtönen erreichen, z. B. legt man einen hellblauen Hintergrund für ein orangefarbenes Motiv oder ein helles Grün für ein kräftiges Rot.

Helles Grau umgibt ein tiefes Schwarz.

Warme und kalte Farben
Vorder- und Hintergrund setzen sich stärker voneinander ab, wenn man blasse, gedeckte Farben (wie Hellblau, Creme-, Beige- und schwache Violettöne) im Hintergrund mit starken, klaren Farben im Vordergrund kombiniert. Farben wie Rot, Orange und Gelb kommen auf den Betrachter zu, wohingegen Grün- und Blautöne eher zurückzuweichen scheinen. Farbengruppen besitzen unterschiedliche „Wärmegrade". Rotstichige Violettöne, Rosa-, Rot-, Orange-, Gelb- und helle Grüntöne gehören zu den warmen Farben. Kalten Farben ordnet man türkisfarbene, mittlere und dunkle Grüntöne, Blautöne sowie ultramarine und bläuliche Violettöne zu. Diese Farbengruppen bilden die gegenüberliegenden Hälften des Farbenspektrums.

Warme Farben

Kalte Farben

Farben der Tesserae kombinieren

Die Farben der Tesserae kann man so mischen, daß der Gesamteindruck einer ganz anderen Farbe entsteht. Verwendet man z. B. eine Kombination aus Blaßblau, Kobaltgrün, Türkis, Reinblau, Tiefblau und ein wenig Violett, wird der Betrachter mit etwas Abstand zum Mosaik den Gesamteindruck eines helles Blaus erleben. Verändert man das Verhältnis der einzelnen Farben, wird dadurch auch der Gesamteindruck entscheidend beeinflußt. Wenn das Mosaik zu hell wirkt, kann der Farbeindruck durch gleichmäßiges Einstreuen einiger dunklerer Tesserae derselben Grundfarbe gedämpft werden. Gleichermaßen kann ein zu dunkles Mosaik durch wenige, gezielt eingesetzte, hellere Tesserae aufgehellt werden. Mit dieser Methode verhilft man gleichzeitig einem zu flach wirkenden Hintergrund zu mehr Struktur. Experimentieren Sie mit verschiedenen Farbgruppen: Mischen Sie verschiedene Farbtöne und kombinieren Sie auch unterschiedliche Arten von Tesserae. Die zusätzliche Verwendung von Smalten oder bemaltem Glas schafft Brillanz, matte Porzellantesserae oder Kiesel bewirken dagegen mehr Tiefe.

Diese Mischung von Gelb- und Blautönen ergibt im Gesamteindruck Grün.

Verleihen Sie Ihrem Mosaik eine größere Leuchtkraft durch bunte oder vergoldete Smalten.

Gefärbter Mörtel

Mit der Farbe des Mörtels ändert sich auch der Eindruck des ganzen Mosaiks. Deshalb muß schon bei der Planung dieser wichtige Aspekt – der Mörtel bzw. die Abstände zwischen den Tesserae – einbezogen werden. Weißer Mörtel hebt sich sehr hell hervor, besonders wenn er bei dunklen oder leuchtenden Mosaiken eingesetzt wird und lenkt das Auge zu sehr auf die Zwischenräume anstatt auf die Farben. Bei hellen oder mit Spiegeltesserae versetzten Mosaiken dagegen wirkt sich dieser Effekt positiv aus. Dunkler Mörtel intensiviert die Farben der Tesserae. Bei sehr farbigen Mosaiken kann er darum unterstützend eingesetzt werden, wogegen blassere Farben von dunklem Mörtel dominiert werden. Testen Sie das Färben des Mörtels mit Pigmenten, Farbstoffen oder Farben an kleinen Mengen, um kontrastreiche und ausgefallene Ergebnisse zu erzielen.

Heller Mörtel hellt das Mosaik auf.

Dunkler Mörtel erzielt trotz derselben Tesserae einen völlig anderen Eindruck.

AUSWAHL DER FARBEN **25**

Farbpalette

Hier sehen Sie Beispiele für Smalten und Flachglas-Tesserae, die in großer Auswahl von Farben, Formen und Qualitätsgraden in Spezialgeschäften erhältlich sind. Sie werden teilweise nach Gewicht in gemischten, farblich unsortierten Säcken verkauft. Für den Anfang eignen sie sich besonders gut, denn Sie erhalten auf diese Weise viele unterschiedliche Farben – vielleicht jeweils nur wenige pro Säckchen –, aber sicherlich genug, um zu beginnen.

Tesserae aus flachem Glas

Smalten

Gold- und Silbersmalten

Golddurchwirkte Tesserae aus flachem Glas

GRUNDTECHNIKEN

Schneidetechniken

Die Technik des Schneidens der Tesserae erfordert Übung und Geduld. Zuerst scheint es vielleicht frustrierend, und Fehler lassen sich einfach nicht vermeiden. Aber Sie werden erstaunt sein, wie schnell sich Ihre Schneidefertigkeiten entwickeln.

Ausrüstung
Fliesenschneider
Hartmetallfliesenschneider
Fliesenbrechzange
Kneifzange
Stahllineal
Staubmaske und Schutzbrille

1 Ritzen Sie die Fliese mit dem Fliesenschneider mit etwas Druck in der Mitte an. Versuchen Sie, mit dem Fliesenschneider nicht abzurutschen. Ein Stahllineal dient dabei als gute Führungsschiene.

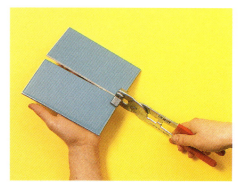

2 Setzen Sie nun die Fliesenbrechzange am Rand der Fliese genau auf der angeritzten Linie an. Drücken Sie die Zangengriffe langsam und fest zusammen, so zerbricht die Fliese entlang der Linie.

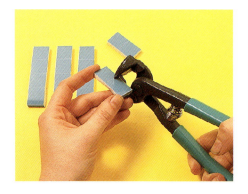

3 Schneiden Sie die Fliese in schmalere Streifen, indem Sie das Anritzen und Brechen wiederholen. Mit der Kneifzange, deren Schneidekante Sie genau auf der angeritzten Linie ansetzen, brechen Sie die Fliesenstreifen dann in die gewünschte Form. Setzen Sie die Kneifzange dabei seitlich an der Fliese an und drücken Sie die Griffe fest zusammen.

Hammer und Untermeißel
Dies sind die traditionellen Werkzeuge zum Schneiden von Marmor und Smalten. Jede Tessera wird dabei auf die Klinge des Meißels gelegt und mit festen Hammerschlägen in die gewünschte Form gebrochen. Nehmen Sie sich Zeit, diese schwierige Technik zu üben. Achten Sie besonders auf abspringende Splitter.

Hammer und Untermeißel

Formen schneiden

QUADRATE SCHNEIDEN

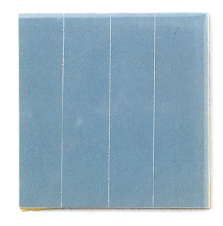

1 Zuerst brechen Sie die quadratische Fliese wie beschrieben in vier gleiche Streifen.

2 Teilen Sie die Streifen nun mit dem Fliesenschneider und der Kneifzange in quadratische Abschnitte.

DREIECKE SCHNEIDEN

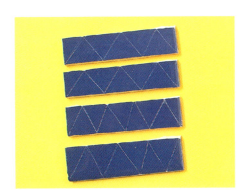

1 Brechen Sie die Fliese in vier Streifen und ritzen Sie mit dem Fliesenschneider diagonale Linien ein, um ein Zickzackmuster zu erhalten.

2 Setzen Sie die Kneifzange vorsichtig auf der angeritzten Linie an und brechen die Dreiecke ab.

RUNDUNGEN SCHNEIDEN

1 Die Fliesenstreifen werden hierbei in Trapezen angeritzt, die Sie dann mit der Kneifzange abbrechen.

2 Um Rundungen zu erhalten, legen Sie die Tesserae zunächst spielerisch aneinander und probieren die unterschiedlichsten Legemöglichkeiten aus.

Direktes Mosaiklegen

Die direkte Methode eignet sich sehr gut für Ihr erstes Mosaik. Hierbei werden die Tesserae „direkt" gelegt, d. h. ihre Oberseiten sind die spätere Oberfläche des Mosaiks. Sie können dabei die Entstehung Stein für Stein beeinflussen. Nehmen Sie sich für den Anfang ein einfaches Motiv vor und reduzieren Sie die Anzahl der Farben. Konzentrieren Sie sich darauf, die Schneidetechnik und Zusammenstellung der Tesserae zu üben.

Materialien
Pauspapier
Stift
quadratisches Holzbrett
Fliesen oder Tesserae
Spezial- bzw. Dispersionskleber
Wasser
Acrylfarbe
Mörtel

Ausrüstung
Pinsel
Fliesenschneider
Kneifzange
Spachtel
kleine Maurerkelle
Verfuger
Schwamm
fusselfreier Lappen

1 Grundieren Sie die Holzfläche mit einem Pinsel mit einer Lösung aus Spezialkleber oder Weißleim und Wasser (ein Teil Leim auf vier Teile Wasser), und lassen Sie sie gut durchtrocknen.

2 Vergrößern Sie das Motiv und zeichnen Sie es auf Pauspapier durch. Übertragen Sie es mit einem Bleistift auf das Holz. Die Linien sollten sauber und klar erkennbar sein

GRUNDTECHNIKEN 29

3 Brechen Sie die Tesserae in die entsprechende Größe; falls nötig kann mit der Kneifzange nachkorrigiert werden. Beginnen Sie mit dem Rand und schneiden Sie die Tesserae mit der Kneifzange in quadratische Formen.

4 Halten Sie sich möglichst genau an Ihr Motiv. Passende Tesserae kleben Sie mit einem Abstand von 2 bis 3 mm zueinander auf dem Holz fest. Ein Tropfen Weißleim wird dabei auf die Unterseite der Tesserae mit einem Pinsel aufgetragen.

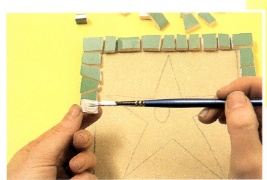

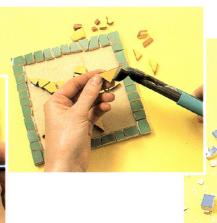

5 Um das ovale Stück für das Zentrum des Sterns zu erhalten, bearbeiten Sie eine quadratische Tessera so lange mit der Kneifzange, bis der Rand glatt und rund ist.

30 ZU BEGINN

6 Sind schließlich alle Tesserae eingesetzt, sollte das Mosaik trocknen, möglichst über Nacht.

7 In einer Schüssel mischen Sie nun eine Lösung aus Wasser und getönter Acrylfarbe an. Nach der Gebrauchsanleitung verrühren Sie das gefärbte Wasser mit dem Mörtelpulver in einem Eimer zu einer weichen, cremigen Mörtelmasse.

8 Verteilen Sie den Mörtel mit einem Spachtel oder einer kleinen Maurerkelle über das Mosaik und drücken Sie die Masse dabei fest in die Fugen.

9 Entfernen Sie überflüssige Mörtelklümpchen mit dem Verfuger. Streichen Sie mit dem Mörtel harte Kanten am Rand glatt.

10 Mit einem feuchten Schwamm entfernen Sie Mörtelrückstände. Der Mörtel muß nun 20 bis 30 Minuten trocknen, bevor Sie weiterarbeiten.

11 Sobald der Mörtel beim Anfassen trocken ist, polieren Sie mit einem fusselfreien Tuch die letzte hauchdünne Mörtelschicht auf dem Mosaik weg.

Indirektes Mosaiklegen

Bei der indirekten Methode wird spiegelverkehrt gearbeitet. Die Tesserae werden mit der Oberseite auf kräftiges, eventuell gummiertes Papier geklebt und dann in ein Mörtelbett gedrückt. Nach dem Trocknen wird das Papier befeuchtet und abgezogen. Arbeitet man an einem großen indirekten Mosaik, sollte man das Motiv in Sektionen aufteilen. Sind diese aufgezeichnet, drehen Sie das Papier um und markieren die Verbindungsfugen – möglichst an einer Stelle, die bereits zu einer Linienführung gehört – und numerieren dann die einzelnen Sektionen in logischer Reihenfolge. Das verhindert ein falsches Zusammenfügen der Sektionen.

Materialien
Pauspapier
Stift
Marker
gummiertes Packpapier (oder dickes Papier und Tapetenkleister)
Fliesen oder Tesserae
Mörtel
Wasser

Ausrüstung
Hartmetallfliesenschneider
Kneifzange
Schüssel
Staubmaske und Schutzbrille
Eimer
Verfuger
Schwamm
Scheuerschwamm
fusselfreier Lappen

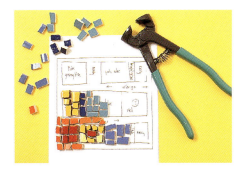

1 Zeichnen Sie das Motiv in Originalgröße und ordnen Sie die Farben zu. Legen Sie die Tesserae so auf das Papier, daß Sie sehen können, wie das fertige Mosaik aussehen wird.

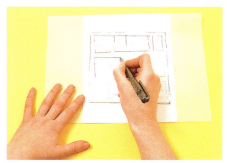

2 Pausen Sie das Motiv mit einem schwarzen Marker auf Pauspapier. Drehen Sie das Papier noch nicht um. Ziehen Sie die Markerlinien mit einem weichen Bleistift nach.

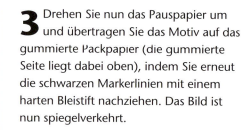

3 Drehen Sie nun das Pauspapier um und übertragen Sie das Motiv auf das gummierte Packpapier (die gummierte Seite liegt dabei oben), indem Sie erneut die schwarzen Markerlinien mit einem harten Bleistift nachziehen. Das Bild ist nun spiegelverkehrt.

4 Befeuchten Sie die Tesserae mit einem Pinsel mit Wasser und kleben sie vorsichtig auf dem gummierten Papier fest. Wenn Sie normales Packpapier benutzen, befestigen Sie die Tesserae mit stark verdünntem Tapetenkleister.

5 Arbeiten Sie jeweils nur mit Tesserae einer Farbe und achten Sie genau darauf, die richtigen Farben an die richtigen Stellen zu setzen. Das ist besonders schwierig, wenn Sie mit Keramikfliesen arbeiten, die auf der Rückseite alle gleich aussehen.

6 Rühren Sie das Mörtelpulver in einem Eimer unter langsamer Zugabe von Wasser zu einer dickflüssigen weichen Masse an.

GRUNDTECHNIKEN **33**

7 Vergewissern Sie sich, daß die vorgesehene Fläche für das Mosaik gut vorbereitet und staubfrei ist. Tragen Sie nun mit einer Maurerkelle eine großzügige Schicht Mörtel auf der Fläche auf.

8 Wenden Sie das Mosaik so, daß die Papierseite Ihnen zugewandt ist, und legen Sie es dann auf die vorgesehene Fläche. Prüfen Sie, ob sich das Mosaik auch wirklich gut an die angrenzenden Fliesen anfügt.

9 Drücken Sie das Mosaik mit dem Verfuger an seinen Platz. Hierbei müssen Sie den Mörtel mit genug Druck in die Zwischenräume der Tesserae pressen. Lassen Sie das Mosaik dann in Ruhe trocknen.

10 Befeuchten Sie das Papier mit einem nassen Schwamm und ziehen es ab. Reste entfernen Sie mit der rauhen Schwammseite. Sollte der Mörtel nicht gleichmäßig in den Fugen verteilt sein, füllen Sie diese nachträglich auf und wischen überschüssigen Mörtel ab. Nach dem Trocknen säubern Sie das Mosaik mit einem fusselfreien Tuch.

MOSAIK-ARBEITEN

Die 20 Mosaiken im folgenden Kapitel zeigen das weite Spektrum von Methoden, Stilen und Anwendungsbereichen, das moderne Mosaikkünstler nutzen. Zu jeder vorgestellten Arbeit gibt es eine Schablone, Ideen für Farbvariationen, genaue Hinweise für die Herstellung und nützliche Tips. Natürlich müssen Sie die Schablonen nicht exakt nacharbeiten, Sie können eigene Ideen hinzufügen, Ihre Lieblingsfarben wählen, mit unterschiedlichem Material experimentieren und die Entwürfe Ihren eigenen Erfordernissen anpassen – die Möglichkeiten sind ungezählt.

Die frühesten Mosaiken stammen von ca. 3000 v. Chr. Man fand sie in der Nähe des Flusses Tigris in Mesopotamien. Diese einfachen Mosaiken bestanden aus Terrakottakegeln – mit leuchtenden Farben bemalt und in die Wände eingelassen. In Gordium, Kleinasien, entstanden um 800 v. Chr. die ersten Mosaikfußböden aus einfachen, geometrisch angeordneten Kieseln im Mörtelbett. Um das 4. Jh. v. Chr. verwendeten hellenistische Künstler erstmalig kleine, würfelförmige Steine – die ersten „Tesserae" –, die das Mosaik zukünftig entscheidend prägen sollten.

Klassische Muster

Die Tesserae-Technik wurde von den Römern mit großer Begeisterung angenommen. Mit der Ausdehnung des Römischen Reiches wurde auch die Mosaikkunst bekannter, und in weiten Teilen des Landes stieg besonders die Nachfrage nach Mosaikfußböden. Viele Beispiele für die besondere Ausdrucksvielfalt römischer Mosaiken sind bis heute erhalten. Üblich waren Szenen des täglichen Lebens, Tier- und Vogelstudien sowie abstrakte Muster. Bis zum 3. Jh. n. Chr. wurden oftmals religiöse Motive verwendet und Glas- und Goldtesserae eingesetzt. Diese wurden später auch effektvoll im frühen Christentum verwendet.

Die byzantinische Ära vom 5. bis zum 15. Jh. erlebte große Fortschritte in der Fertigung und Weiterentwicklung der Techniken. Das Mosaiklegen wurde zu einer anspruchsvollen Kunstrichtung. Glastesserae (Smalten) entwickelten sich zum beliebtesten Material der byzantinischen Mosaiken. Helle, fast edelsteinähnliche Smalten wurden leicht gewinkelt in den Mörtel gebettet, um die Lichtreflexionen zu betonen. Goldsmalten sollten das Licht darstellen, das von heiligen Figuren ausströmte. Die christliche Kirche war der Hauptförderer der Mosaikkunst. In Ravenna, Italien, blieben viele prächtige Beispiele trotz weitreichender baulicher Veränderungen bis heute erhalten. Im Mausoleum der Galla Placidia (Bauzeit: 430 – 450 n. Chr.), einer reich geschmückten kreuzförmigen Kapelle, befindet sich in der Kuppelmitte ein Kreuz vor einem tiefblauen Hintergrund mit leuchtenden goldenen Sternen und den vier Symbolen für die Evangelisten in jeder Ecke, umrankt von Weinreben.

Dieses wunderschöne römische Fußbodenmosaik aus El Djem, Tunesien, stellt die neun Musen und ihre Eigenschaften in verblüffender Detailgenauigkeit dar.

KLASSISCHE MUSTER 37

Dieses Mosaik aus dem 6. Jh. aus dem Baptisterium der Orthodoxen in Ravenna stellt mit leuchtenden Farben und glitzernden Goldsmalten die Taufe Christi dar.

Dieses Apsismosaik aus Albegna, Italien, hebt durch einen nachtblauen Hintergrund die weißen Motive der Sterne und Tauben hervor.

Der Gotenkönig Theoderich baute um 500 n. Chr. nahe seinem Palast die Kirche Sant' Apollinare Nuovo. Die ursprüngliche Apsis wurde zwar zerstört, aber die oberen Teile der Kirchenwände blieben erhalten und zeigen 26 Szenen aus dem Leben Christi als Mosaiken. Andere wichtige Kirchen Ravennas sind San Vitale (hier findet man außergewöhnliche Mosaiken, die Christus mit den Aposteln und den Kaiser Justinianus mit der Kaiserin Theodora und ihrem Gefolge zeigen) und Sant' Apollinare in Classe (die sich südöstlich von Ravenna befindet). In der Hagia Sophia in Konstantinopel (Istanbul) wurde das Mosaik des „inthronisierten Christus" (1042–1055 n. Chr.), das den Kaiser Konstantin IX. und seine Frau Zoe zeigt, stark verändert. Zoe heiratete Konstantin im Jahre 1042, und sein Name und Gesicht ersetzten das des früheren Ehemanns. Auch das Gesicht von Zoe, die bei ihrer Wiederheirat 64 Jahre alt war, wurde durch ein schöneres Bild ersetzt. Mit dem Fall des Byzantinischen Reiches Mitte des 15. Jh.s begann auch das Ende der Mosaikära. In der Zeit der Renaissance wurde das Mosaik insbesondere in Italien, wo man Smalten inzwischen in Murano herstellte, wiederentdeckt. Stilisierte Formen und das üppige Gold wurden durch den Realismus soweit verdrängt, daß das Mosaik etwas von seiner Qualität verlor und lediglich eine Wiedergabe von Gemälden war. Heutzutage kann man viel durch das Betrachten von alten Mosaiken lernen und sich durch die Mannigfaltigkeit der Stilrichtungen und Techniken anregen lassen.

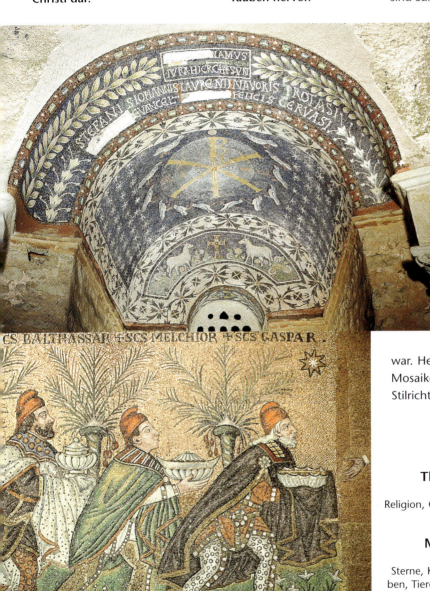

Das aufwendige Mosaik der Heiligen Drei Könige befindet sich auf der nördlichen Wand des Mittelschiffs von Sant' Apollinare Nuovo in Ravenna.

Themen

Religion, Christus, Heilige, Engel

Motive

Sterne, Kreuze, Weinreben, Tiere, Verzierungen, Tauben

Materialien

Kiesel, Stein, Glas, Smalten, Gold

Objekte

Eingelassene Wandbilder, Wände, Säulen, Böden

Orte

RAVENNA
San Vitale, Mausoleum von Galla Placidia, Sant' Apollinare Nuovo

ISTANBUL
Hagia Sophia

VENEDIG
Markusdom

SIZILIEN
Dom von Monreale
Dom von Palermo

KIEW
Sophienkirche

Dieses schöne Design nimmt traditionelle geometrische Muster und natürliche Formen von Blättern und Blumen auf. Dieses beeindruckende Mosaik aus kühlen, kontrastreichen Marmortesserae kann der Größe und Form selbst des ungewöhnlichsten Badezimmers angepaßt werden.

Geometrischer Marmorfußboden

Materialien
Marmor
Millimeterpapier
Pauspapier
kräftiges Paketpapier
Bleistift
Fixativ auf Zementbasis
Mörtel
Tapetenkleister

Ausrüstung
Staubmaske und Schutzbrille
Hammer und Untermeißel
Flachpinsel
Schere
Glättkelle
gezahnte Maurerkelle
Verfuger
Schwamm

Susan Goldblatt

Zu Beginn
Für ein großes und kompliziertes Projekt wie dieses braucht man vorausschauende Planung und einige Erfahrung. Der Boden muß wasserdicht vorbehandelt, stabil und sicher genug sein, um das Gewicht des Marmors zu tragen. Hierfür sollten Sie sich den Rat eines professionellen Fliesenlegers einholen, bevor Sie mit der Planung beginnen. Da auch das Anbringen des Mosaiks kompliziert und schwierig ist und Sie dafür ohnehin später die Hilfe von mindestens einer Person benötigen, sollten Sie überlegen, gleich einen Handwerker mit Erfahrung auf diesem Gebiet zu beauftragen.

Das Muster auf Millimeterpapier zeichnen
Messen Sie den Fußboden aus und zeichnen Sie Ihr Motiv auf Millimeterpapier. Da sich das Muster wiederholt, kann es leicht den Maßen Ihres Fußbodens angepaßt werden. Möglicherweise ist es nützlich, das Muster mit einem Fotokopierer zu vergrößern und es dann auf Millimeterpapier zu übertragen.

Das Design auf Packpapier übertragen
Pausen und übertragen Sie das Muster auf die gummierte Seite des Packpapiers. Markieren Sie die Farben des Designs auf den entsprechenden Flächen. Denken Sie immer daran, daß Sie spiegelverkehrt arbeiten, d. h. die Umrisse auf dem Papier stellen eigentlich die Hinteransicht der Originalzeichnung dar.

Das Muster in Sektionen teilen
Drehen Sie das Packpapier auf die Rückseite und ziehen Sie mit einem Stift willkürliche Linien. Diese helfen Ihnen später, das Mosaik beim Zusammensetzen wieder exakt zu positionieren. Nachdem Sie Abschnitte auf dem Papier numeriert und mit Richtungspfeilen, die jeweils die angrenzenden Teile benennen, versehen haben, zerschneiden Sie das Papier in die

TIP Nachdem Sie die Abschnitte mit Bleistift markiert haben, verwenden Sie ein Stahllineal zum Abtrennen, das ergibt saubere Kanten. Auf den Abschnitten müssen Nummer und Richtungspfeile zu sehen sein, damit die Ausrichtung deutlich ist. Bevor nicht alle Abschnitte numeriert und markiert sind, sollten Sie nicht mit der Zerteilung beginnen (siehe auch S. 47).

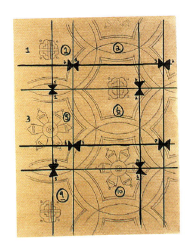

Schablone

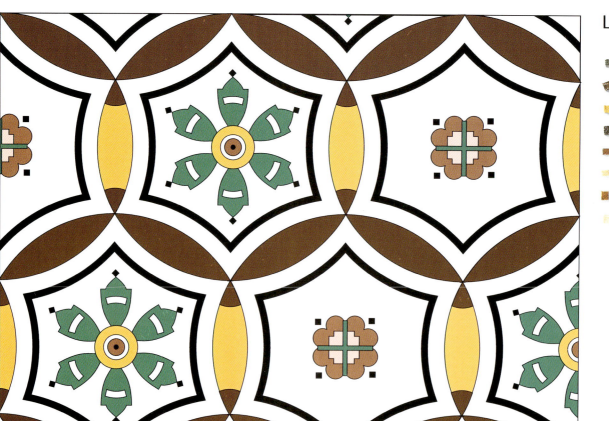

Legende

- Dunkelgrün
- Dunkelbraun
- Ocker
- Grauschwarz
- Braun
- Hellrosa
- Hellbraun
- Weiß

Abschnitte. Sollten Sie später durcheinanderkommen, hilft Ihnen ein kleiner Plan mit allen Abschnittsmarkierungen.

Tesserae auf Packpapier kleben

Teilen Sie den Marmor zuerst grob, dann mit Hammer und Untermeißel in die exakte Größe und Form. Kleben Sie die Tesserae mit stark verdünntem Tapetenkleister auf das Packpapier. Denken Sie immer daran, daß die Klebefläche die spätere Oberfläche des Mosaiks ist.

Gleichmäßiges Aneinanderfügen

Arbeiten Sie beim Aufkleben der Tesserae abschnittsweise. So vermeiden Sie unregelmäßige Anschlußfugen zwischen den Tesserae und den einzelnen Abschnitten, die später nicht mehr zu korrigieren sind.

Anbringen des Mosaiks

Legen Sie die Abschnitte zunächst probeweise auf dem Boden aus, um noch einmal die Maße zu überprüfen. Für das Aufbringen des Mosaiks benötigen Sie einen Assistenten – dies ist der Moment für die Hilfe eines Fachmanns. Arbeiten Sie sich von der entferntesten Raumecke zur Tür zurück, andernfalls kann es passieren, daß Sie sich selbst den Rückweg abschneiden. Tragen Sie den Zementkleber auf den ersten Abschnitt auf, und durchkämmen Sie ihn mit einer gezahnten Glättkelle. Plazieren Sie das erste Mosaikteil – die Packpapierseite liegt dabei oben – und glätten dann die Stelle mit einer Maurerkelle. Dies wiederholen Sie in gleicher Weise bei jedem folgenden Abschnitt. Lassen Sie sich dabei für die exakte Positionierung von den gezeichneten Richtungspfeilen und Markierungen führen.

Trockenzeit für den Boden

Sobald alle Abschnitte eingesetzt sind, lassen Sie den Zement vier bis fünf Tage erhärten. Danach befeuchten Sie das Paketpapier, ziehen es ab und reinigen die Oberfläche mit einem Schwamm. Letzte Papierreste werden dabei solange leicht gerieben, bis sie sich lösen.

Mörtelfugen abdichten

Füllen Sie die Fugen sehr sorgsam mit feinem grauen Fußbodenmörtel auf. Überflüssiger Mörtel kann mit einer Scheuerbürste und speziellem Marmorreiniger entfernt werden.

Farb-varianten

Marmor ist in vielen kalten, unaufdringlichen Farbtönen und verschiedenen Oberflächen erhältlich. Wählen sie Kontrastfarben zur Betonung des Designs und geben Sie dem Mosaik mit stark marmorierten, adrigen Steinen mehr Struktur.

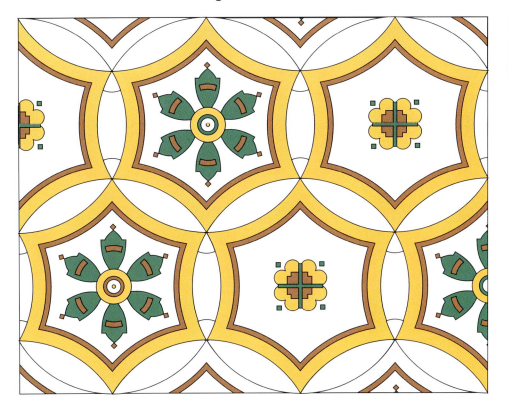

- Grün
- Braun
- Ocker
- Weiß

Diese unaufdringlichere Variante des Originals verwendet warme, natürliche Farben, die eine Herbststimmung verbreiten.

- Grün
- Hellrosa
- Ocker
- Weiß
- Grauschwarz

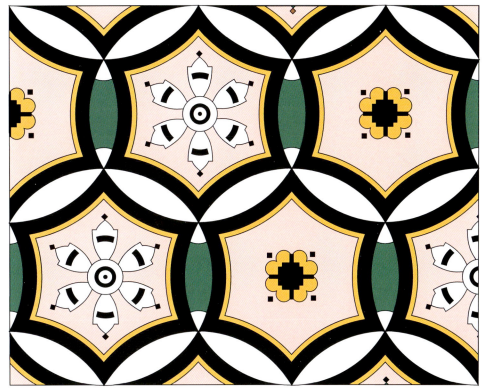

Ein eher moderner Eindruck wird durch die harten Kontraste zwischen den kräftigen Umrissen und dem Pastellhintergrund erreicht.

Spiegelrahmen mit Wellenband

Das Wellenmuster diente im antiken Rom häufig als Randeinfassung für Fußböden. Das Muster ist stets gleich, d. h. es ist egal, ob Sie das Muster von innen nach außen oder andersherum betrachen. In der römischen Kunst findet man viele dieser sich ständig wiederholenden Bändermotive, die zu den Grundmustern der Ornamentik gehören und als Mäander bezeichnet werden.

Materialien
Pauspapier
Holz (oder ein fertiger Holzrahmen)
Keramikfliesen
Spezial- bzw. Dispersionskleber
Mörtel
Spiegel
Bleistift und Markierstift

Ausrüstung
Stichsäge
Staubmaske und Schutzbrille
Fliesenschneider
Kneifzange
Eimer
Verfuger
Schwamm und trockenes Tuch
Flachpinsel

Fran Soler

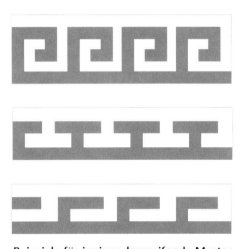

Beispiele für ineinandergreifende Muster – Mäander –, deren Farben zwei identische Designs bilden.

Den Untergrund vorbereiten
Bereiten Sie die Oberfläche des Spiegelrahmens vor. Lösen Sie Spezialkleber und Wasser (einen Teil Kleber auf vier Teile Wasser) und tragen Sie die Mischung mit dem Pinsel auf. Der hier gezeigte Rahmen ist vorgefertigt. Sie können eine kreisrunde Form aus einem Holzbrett mit einer kleineren, runden Aussparung in der Mitte für den Spiegel mit einer Stichsäge auch selbst anfertigen. Der Spiegel wird später mit Metallstiften befestigt, die um den Spiegel herum angenagelt und dann nach innen gebogen werden.

Das Design planen
Übertragen Sie Ihren Entwurf auf den Holzrahmen. Möglicherweise müssen Sie die Wellenform Ihrem Rahmen entsprechend anpassen. In diesem Fall nehmen Sie einen Zirkel zu Hilfe. Kennzeichnen Sie nun mit einem harten Bleistift oder Markierstift die Umrisse deutlich.

Fliesen zuschneiden
Brechen Sie die Fliesen zunächst in größere Stücke. Feineres Zuschneiden ist in diesem Arbeitsstadium noch nicht nötig; Sie müssen die Tesserae ohnehin später mit der Kneifzange in die exakte Form bringen. Wählen Sie zwei Farben aus, die gut zusammenpassen und die Sie während der Arbeit getrennt aufbewahren.

Ankleben der Tesserae
Tragen Sie den Leim mit einem Spachtel nach und nach auf dem Holzrahmen auf. So vermeiden Sie, daß der Kleber zu schnell trocknet und klumpt. Kleben Sie die Tesserae – vom Rand beginnend – an die vorgesehenen Stellen. Arbeiten Sie jeweils nur mit einer Farbe und schneiden Sie die entsprechenden Tesserae in Form (siehe hierzu auch S. 27, unter „Formen schneiden", „Rundungen schneiden"). Sobald alle Tesserae angeklebt sind, lassen Sie die Arbeit über Nacht trocknen.

Verfugen des Mosaiks mit Mörtel
Mischen Sie in einem Eimer dunkelgrauen Mörtel an. Das kann vorgefärbter Mörtel sein, oder Sie mischen dem Waser einen dunkleren Farbton oder Acrylfarbe bei,

Schablone

Legende

◻ Weiße Keramik

◼ Schwarze Kramik

bevor Sie Mörtelpulver einrühren. Tragen Sie den Mörtel großzügig mit einem Spachtel auf das Mosaik auf und drücken ihn fest in die Fugen. Überflüssigen Mörtel entfernen Sie mit dem Verfuger. Der Rand des Rahmens sollte glatt sein.

Fertigstellung des Rahmens
Beseitigen Sie Mörtelreste mit einem feuchten Schwamm und lassen alles lange genug abbinden. Nun polieren Sie den Rahmen mit einem trockenen Tuch. Zuletzt wird der Spiegel – am besten Sie lassen ihn in einer Glaserei zuschneiden – im Rahmen befestigt und an seinen Platz gehängt.

TIP Sollte die Schablone nicht auf Ihren Spiegelrahmen passen, teilen Sie den Rahmen in gleichgroße Abschnitte auf, in die Sie mit einem Zirkel Kreise einzeichnen. Benutzen Sie diese Kreise nun als Anhaltspunkte, um freihändig die Wellenlinien einzuzeichnen. Versuchen Sie, die Linien so gleichmäßig wie möglich zu malen. Es ist jedoch nicht tragisch, wenn Ihnen das nicht ganz gelingt. Mit einem Bleistift können Sie nachkorrigieren, bis Sie mit der Linienführung ganz zufrieden sind. Dann erst werden die Konturen mit einem Marker verstärkt.

KLASSISCHE MUSTER **45**

Farb-
varianten

Modernisieren Sie dieses traditionelle Muster mit hellen, zeitgemäßen Farben und Kombinationen von verschiedenen Tesserae und anderen Materialien. Auch bunter Mörtel hebt das Muster hervor und belebt die Farben.

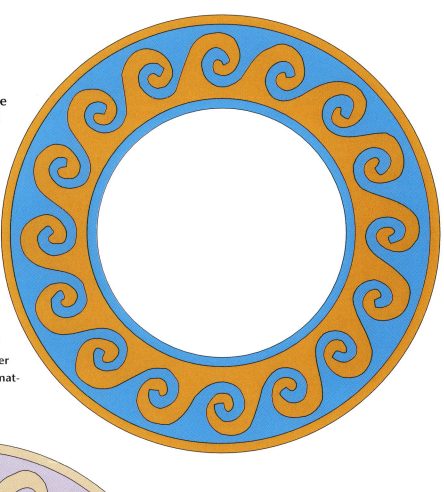

■ Terrakotta, matte Keramik
■ Türkise, glasierte Keramik

Für einen starken Kontrast wählen Sie zwei Komplementärfarben wie Blau und Orange. Oder Sie variieren noch mehr mit glänzender neben matter Keramik.

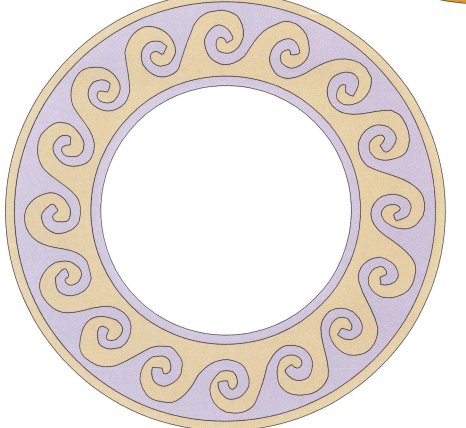

■ Hellgraue, matte Keramik
■ Violette, matte Keramik

Einen subtileren, aber gleichermaßen überzeugenden Effekt kann man durch die Verwendung von zwei hellen Farbtönen gleicher Farbintensität und mit matter Oberfläche erreichen.

KLASSISCHE MUSTER **47**

Diese Arbeit gehört bestimmt nicht zu den einfachen Vorhaben, ganz im Gegenteil. Sie ist ziemlich kompliziert und erfordert gute Vorbereitung und etwas Erfahrung. Die erste Überlegung sollte sein, ob die schwierige Anbringung eines Deckenmosaiks überhaupt möglich ist. Für die Durchführung brauchen Sie auf jeden Fall die Hilfe von mindestens einer Person. Fliesenleger oder professionelle Mosaikkünstler haben die nötige Erfahrung.

Marmordecke

Materialien
Marmor
Pauspapier
Bleistift
kräftiges Packpapier
Mehl und Wasser
Zementkleber
Mörtel
feiner Sand

Ausrüstung
Staubmaske und Schutzbrille
Schere
Hammer und Untermeißel
zwei Eimer
flache Maurerkelle
gezahnte Maurerkelle (5 mm)
Schwamm

Vanessa Benson

Zu Beginn
Mindestens drei Wochen vor der Anbringung des Mosaiks muß die Zimmerdecke mit einer feinen Lage aus Sand und Zement beschichtet werden. Bei einer abgehängten Decke muß geprüft werden, ob sie das Gewicht des Marmormosaiks tragen kann. Wenn Sie gleichzeitig die Decke abhängen und das Mosaik anbringen möchten, kann man das Mosaik schon am Boden aufkleben und erst dann die Decke aufhängen.

Das Design vorbereiten
Skizzieren Sie das Design in der gewünschten Größe mit einem 5 mm breiten Rand, falls das Mosaik etwas mehr Platz braucht. Dieses Muster erfordert genaue Berechnungen, damit gleiche Abstände eingehalten werden. Die Anzahl der Wellen sollte durch die Anzahl der verwendeten Farben teilbar sein.

Das Design übertragen
Skizzieren Sie das Design auf Packpapier. Vergessen Sie dabei nicht, daß das fertige Mosaik die Spiegelung des Motivs und der Form ist, die Sie nun auftragen. Ordnen Sie deshalb den Wellenelementen schriftlich Ihre Farben zu. Auf der Rückseite des Packpapiers zeichnen Sie nun kräftige, willkürliche Linien; dieses Muster hilft Ihnen später, die einzelnen Abschnitte korrekt an der Decke einzupassen.

TIP Bevor Sie das Packpapier in Abschnitte zerschneiden, müssen Sie unbedingt auf der Rückseite das Raster der Abschnitte genau nachzeichnen. Dann skizzieren Sie willkürliche Linien – ignorieren Sie ruhig die Rasterlinien, zeichnen Sie einfach darüber. Auf diese Weise erhalten Sie ein zweites Muster, das hilft, die einzelnen Abschnitte des Mosaiks wieder zusammenzufügen.

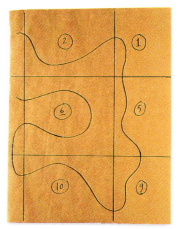

Rand in Abschnitte schneiden
Das gesamte Papier muß in handliche, gleiche Abschnitte zerteilt werden, die Sie später gut mit zwei Händen an die Decke heben können. Bei diesem Design teilen Sie Rand und Innenbereich voneinander ab. Sie müssen dies unbedingt vor dem Kleben der Tesserae tun, um später unerwünschte Zwischenräume zu vermeiden oder gar die Abschnitte nach dem Ankleben nicht mehr unterscheiden zu können. Befestigen Sie ein kleines Stück Papier gut sichtbar jeweils beidseitig numeriert am Rand jedes Abschnitts. Sie sollten einen Lageplan vom gesamten Mosaik erstellen, der jeden Abschnitt

48 MOSAIKARBEITEN

deutlich markiert und numeriert. Fertigen Sie auch einen zweiten Plan an, der die Vorderseite zeigt. So haben Sie einen Plan für das Mosaik und einen für die Decke.

Marmor schneiden

Sie brauchen Hammer und Untermeißel, um den Marmor zu schneiden. Für das gesamte Mosaik sollte die Marmordicke gleich sein; 5 mm sind ideal. Mit einer Mischung aus Mehl und Wasser, die zuerst zu einer milchigen Masse angerührt und dann in einem Topf unter ständigem Rühren bis zur Dickflüssigkeit erhitzt wird, stellen Sie Leim her. Mit diesem Klebstoff befestigen Sie die Marmortesserae auf dem Packpapier. Bei der Arbeit sollten Sie daran denken, daß die Klebefläche später die sichtbare Seite des Mosaiks ist. Wenn Sie Tesserae auf den Rand eines Abschnittes kleben, vergewissern Sie sich, daß der angrenzende Abschnitt genauso anliegt, als sei das Papier ungeschnitten.

Abschnitte an der Decke markieren

Für die Befestigung des Mosaiks brauchen Sie die Unterstützung von mindestens einer Person. Dies ist der Moment für die Hilfe eines Fachmanns. Legen Sie das Mosaik auf einem flachen Untergrund mit allen Abschnitten an den richtigen Stellen aus und prüfen Sie die Maße. Mit Zeichenkreide markieren Sie die Abschnitte auf der Decke. Tragen Sie bei den gesamten Deckenarbeiten eine Schutzbrille.

Zement und Mörtel anrühren

Eine Person rührt den schnelltrocknenden Zement an, die andere zeitgleich den Mörtel. Streichen Sie dann den Zementkleber auf die Fläche für den ersten Abschnitt zu einem gleichmäßigen, dünnen Bett auf. Durchfurchen Sie den Zement mit einer gezahnten Maurerkelle (5 mm). In der Zwischenzeit bestreuen Sie das Mosaikteil mit ein wenig fein gesiebtem, trockenem Sand. Dadurch fließt der Mörtel nicht unter die Tesserae, und sie bleiben sauber. Verteilen Sie nun den Mörtel über dem Mosaik und drücken ihn mit einer Maurerkelle in die Zwischenräume.

Schablone

Legende

- Gedecktes Weiß
- Meergrün
- Weiß
- Steinfarben
- Cremefarben
- Grauschwarz
- Schwarz
- Mittelgrau
- Dunkelbraun
- Braun
- Kürbisfarben

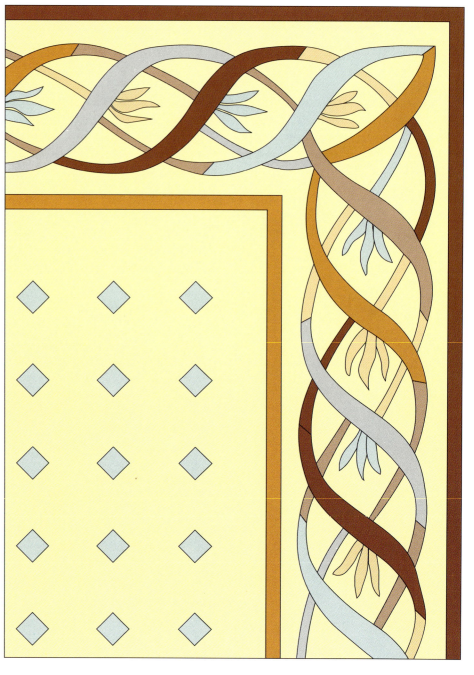

KLASSISCHE MUSTER **49**

Montage der Mosaikabschnitte

Heben Sie den Mosaikabschnitt an die Decke und drücken Sie ihn mit einer flachen Maurerkelle an die gewünschte Stelle. Mit einem Schwamm können Sie das Mosaik noch exakter verschieben, bevor der Zement zu stark abbindet. Befeuchten Sie anschließend das Papier mit einem Schwamm und gehen zum nächsten Abschnitt über, bei dem Sie genauso verfahren. Durch die Zeichnungen auf dem Papier finden Sie den korrekten Anschluß für die angrenzenden Teile. Es dürfen keine großen Fugen entstehen. Nach dem zweiten Abschnitt fahren Sie fort wie gehabt, wobei Sie die früheren Abschnitte stets feucht halten. Achten Sie darauf, daß kein Zementkleber an der Decke abbindet, bevor der entsprechende Abschnitt aufgesetzt wurde. Tragen Sie deshalb jeweils nur für den Abschnitt Kleber auf, an dem Sie gerade arbeiten.

Tesserae einzeln einsetzen

Sobald Sie das Papier auf dem Mosaik entfernen können, ziehen Sie es vorsichtig ab. Sollte dabei eine der Tessserae herausfallen, kleben Sie diese wieder mit ein wenig Zementkleber fest. Wenn Ihnen einige Fugen zu breit erscheinen, lösen Sie ruhig ein paar Tesserae heraus und ersetzen sie durch größere Stücke, bevor Mörtel und Zement zu trocken sind.

Das Mosaik säubern

Reinigen Sie das Mosaik, sobald alle Abschnitte befestigt und alles Papier entfernt sind. Schnelltrocknender Zement erfordert eine ebenso schnelle Reinigung (innerhalb von zwei Stunden). Ein Entfernungsmittel für Zement- und Kalkrückstände auf Marmorflächen beseitigt mit einem Schrubber überflüssige Reste.

Farbvarianten

Diese zwei Varianten verdeutlichen die Wirkung von Kontrasten, die durch Verwendung unterschiedlicher Hintergrundfarben und von stark komplementären und sanften, hellen Farbtönen erreicht wird.

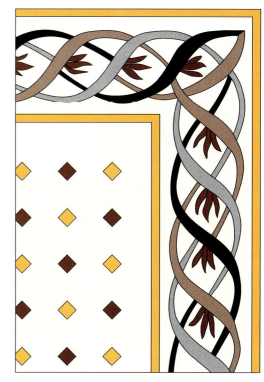

- Cremefarben
- Kürbisfarben
- Braun
- Hellbraun
- Mittelgrau
- Grauschwarz

Herbsttöne vor einem hellen Hintergrund heben sich sehr stil- und geschmackvoll ab, ohne dabei Ihre Raumausstattung optisch zu erdrücken.

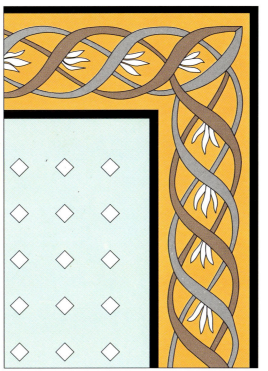

- Weiß
- Kürbisfarben
- Braun
- Mittelgrau
- Mittelgrün
- Grauschwarz

Die Verwendung von Komplementärfarben bei Rand und Mittelgrund geben einem klassischen Design einen eher modernen Ausdruck.

Die edelsteinartigen Farben und Muster dieses Schmuckkästchens erinnern an die Mosaiken des Byzantinischen Reiches, wo die Künstler vornehmlich einfache Formen und leuchtende Farben zu großer Wirkung vereinten. Da Goldsmalten teuer sind, beklebt man das Kästchen vorher mit Goldfolie, die durch die Glastesserae durchschimmert. So wirken die Glassteine wie Goldtesserae. Buntglas wird oft anstatt bunter Smalten eingesetzt. Wenn Sie kein echtes Buntglas finden können, bemalen Sie selbst die Unterseite von Klarglas mit Spezialglasfarbe.

Byzantinisches Kästchen

Materialien
Pauspapier
Markierstift
Goldpapier
Epoxidharz
Klarglas
Holzschachtel
Weißleim oder Spezial- bzw. Dispersionskleber
Sprühkleber
Mörtel

Ausrüstung
Staubmaske und Schutzbrille
Schere oder Schneidemesser
Kneifzange
Glas- oder Fliesenschneider
Spachtel
Verfuger
Schwamm
fusselfreies Tuch
Zahnstocher

Fran Soler

Das Schmuckkästchen vorbereiten
Passen Sie das Design den Maßen Ihres Kästchens an. Kleben Sie nun das Goldpapier mit Kraft- oder Sprühkleber sorgfältig auf den Außenseiten fest. Glätten Sie alle Falten und achten Sie darauf, daß auch die Ränder gut haften. Pausen und übertragen Sie nun das Motiv auf die Folie, und markieren Sie die Umrisse für die Mosaikarbeit deutlich (siehe dazu auch Tip S. 57).

TIP Bekleben Sie das Kästchen mit Goldfolie, bevor Sie mit dem Mosaik beginnen. Kleben Sie das Papier mit Kraftkleber auf und glätten Sie sofort alle Falten. Das Papier sollte wegen des Deckels nicht in die Innenseite des Kästchens hineingefaltet werden. Sie können jede Art von Papier verwenden, aber Glanzpapier oder Metallfolien sind am reizvollsten, da sie das Licht durch das Glas der Tesserae wieder zurückwerfen. Auch normale Aluminiumfolie kann verwendet werden, um Glitzereffekte in Silber zu erzeugen.

Schneiden der Glastesserae
Brechen Sie die Tesserae in die erforderlichen Größen und bewahren die Farben getrennt auf. Beim Schneiden sollten Sie vorsichtig sein, da Glas sehr scharf ist und man sich leicht schneiden kann. Tragen Sie Staubmaske und Schutzbrille und verlegen Sie die Arbeit möglichst nach draußen (siehe Tip S. 119). Buntglas kann genauso mit einem Glasschneider bearbeitet werden wie Spiegel- oder normales Glas.

Legen der Tesserae
Kleben Sie die Tesserae in einem gut belüfteten Raum mit Epoxidharz-Kleber auf das Kästchen. Beginnen Sie mit dem Deckelrand. Die Motive legen Sie mit buntem Glas, das Sie mit der Kneifzange in Form brechen. Das durchsichtige Glas wird auf das Goldpapier geklebt und füllt den Hintergrund aus. Diese Arbeit ist sehr kleinteilig, deshalb sollten Sie die Abstände zwischen den Glasstücken mit einem Zahnstocher gleichmäßig halten. Sobald die Oberseite des Deckels fertig ist, legen Sie die Seiten und lassen alles trocknen. Sie können jetzt das Unterteil bearbeiten.

52 MOSAIKARBEITEN

Schablone

Legende

- Smaragdgrünes Glas
- Spiegelglas
- Klarglas
- Orangefarbenes Glas
- Türkisfarbenes Glas
- Rubinrotes Glas
- Purpurrotes Glas

DECKEL

SEITEN

Die Seitenteile vervollständigen

Beim Unterteil des Kästchens sollten Sie sich unbedingt an den Musterlinien der Seiten des Deckels orientieren. Die Tesserae sollten an den Rändern nicht hervorstehen und so eventuell das Schließen des Deckels beeinträchtigen. Sobald alle Tesserae befestigt sind, lassen Sie das Kästchen ein paar Tage trocknen.

Mörtel auftragen

Für das Verfugen nehmen Sie am besten dunkelgrauen Mörtel. Überflüssigen Mörtel wischen Sie mit einem Verfuger und einem feuchten Schwamm ab. Sobald das Mosaik trocken ist, können Sie es mit einem fusselfreien Tuch säubern.

KLASSISCHE MUSTER **53**

Farb-varianten

Sie erzielen die beeindruckendsten Ergebnisse mit einer Mischung aus glitzernden Tesserae, wie z. B. funkelndem Glas und Fliesen in intensiven, edelsteinähnlichen Farben. Damit lassen sich viele unterschiedliche Kästchen gestalten.

Die Kombination von leuchtendem Spiegelglas und strahlendem Buntglas in Verbindung mit ausgewählten glitzernden Steinchen wirkt vielleicht etwas kitschig, aber sehr auffällig.

Buntglas:
- Türkis
- Marineblau
- Rubinrot
- Pupurrot
- Smaragdgrün
- Spiegelglas

Buntglas:
- Purpurrot
- Marineblau
- Rubinrot
- Goldsmalten
- Weiße Keramikfliesen
- Spiegelglas

Hier ist die Wirkung völlig anders: Die prächtigen Farben des Buntglases werden durch die schlichten weißen Tesserae im Hintergrund betont.

54 MOSAIKARBEITEN

Mexikanische Muster

Die mexikanische Hochkultur ist mehr als 3000 Jahre alt. Viele Kunstwerke blieben bis heute erhalten und stellen das Erbe der Kunstfertigkeit und der außergewöhnlichen handwerklichen Fähigkeiten der alten mexikanischen Zivilisation dar. Die Hochkulturen aus verschiedenen Epochen der Frühgeschichte waren zwar geographisch nicht unbedingt miteinander verbunden, teilten aber den Glauben an mächtige Götter und weisen erstaunlicherweise auch Ähnlichkeiten in Kunstverständnis und religiösen Ritualen auf, wie viele Gravuren und Inschriften beweisen.

Die Mosaiken von Juan O'Gorman auf den Außenwänden der Universitätsbibliothek in Mexiko-Stadt zeigen traditionelle Azteken- und Mayasymbole.

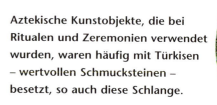

Aztekische Kunstobjekte, die bei Ritualen und Zeremonien verwendet wurden, waren häufig mit Türkisen – wertvollen Schmucksteinen – besetzt, so auch diese Schlange.

Die ältesten Beispiele für Töpferware stammen etwa von 2000 v. Chr. Dabei handelt es sich um einfache Figuren, Töpfe und Kochgeschirr aus dem Südosten Mittelamerikas. Herausragende Beispiele für das mexikanische Kunsthandwerk sind Jade- und Steingravuren aus der Olmeken-Periode (1200–400 v. Chr.), Tonfiguren der frühen Veracruz-Periode (300–1200 n. Chr.), Steinskulpturen der Huaxteken (900–1450 n. Chr.), Maya-Inschriften und Maya-Architektur (250 v. Chr.–1000 n. Chr.), Metallarbeiten der Mixteken (1200–1521 n. Chr.) und nicht zuletzt die Mosaiken der Azteken (1300–1521 n. Chr.). Mayas und Azteken prägten die Entwicklung der mexikanischen Kunst bis in die heutige Zeit am nachhaltigsten. Die Architektur und Kunst der Mayas wurde im 19. Jh. wiederentdeckt. Die Mayas wurden als am weitesten entwickelte mexikanische Hochkultur bewundert. Ausführliche Grabinschriften und Gravuren geben Auskunft über wichtige geschichtliche Ereignisse und vermitteln ein Bild der Weltanschauungen und zeitlichen Abläufe der Maya-Kultur. Die Kunst der Azteken, obgleich sie kraftvoll und voller Leben ist, drückt außerdem eine gewisse Todessehnsucht aus. Masken von Menschen- und Tierschädeln, Opfermesser und Darstellungen

MEXIKANISCHE MUSTER **55**

Dieses Fragment eines alten Inkastoffes zeigt, wie wichtig kräftige Farben und ausdrucksstarke Motive in der Kunst Südamerikas waren.

von Dämonen und Kriegern spiegeln die aztekische Besessenheit von Schrecken und Kampf wider. Aber gleichzeitig entstammen diese Arbeiten einer Zeit, in der Kunst und Kunsthandwerk stark gefördert wurden, und bei vielen Kunstwerken wurden Gold, geschliffene Jade, Türkise und andere Edelsteine zu wunderbaren Mosaiken vereint.

Vor der spanischen Eroberung im Jahre 1520 waren Gold- und Silberschmiede für ihre Kunst, Ringe, Halsschmuck und Mosaiken auf filigranste Weise einzufassen, hoch angesehen. Viele Arbeiten wurden im Zuge der Eroberung zerstört und Kunstfertigkeiten durch spanische Techniken verdrängt. Glasierte Fliesen wurden in Mexiko erst durch die Spanier eingeführt, die diese Technik wiederum von den Mauren übernommen hatten. Vor der Ankunft der Spanier bestand das mexikanische Steingut aus unglasierter Tonware, die bei sehr geringer Temperatur zu relativ dunklen Fliesen gebrannt wurde. Daher ist es auch nicht weiter verwunderlich, daß die Mexikaner von der unglaublichen Farbenpracht zunächst überwältigt waren und mit ihren neu erworbenen Kenntnissen die spanischen Kirchen in Mexiko prachtvoll schmückten. Zwei der herausragendsten Beispiele aus dieser Zeit sind bis heute erhalten: die Kirchen Santa Maria Tonatzintla und San Francisco Atapec. Beide haben aufwendig gestaltete Fassaden, übersät mit farbenfrohen Fliesen, die aus Puebla – einem Zentrum der Fliesenherstellung während der Kolonialzeit – stammen. Die katholische Kirche war eine reiche Quelle für Inspirationen, z. B. wurde die Verehrung für die Jungfrau von Guadalupe (der Schutzheiligen Mexikos) unzählige Male von Künstlern bis heute thematisch umgesetzt.

Im Jahre 1821 erhielt Mexiko schließlich die Unabhängigkeit von Spanien und befand sich in den folgenden Jahren bis zur Revolution 1910 in einem Zustand politischer Unruhe und sozialen Umbruchs. In der darauffolgenden Aufbauzeit wurden die dekorativen Künste wiederentdeckt. Künstler wie Frida Kahlo, Diego Rivera, José Clemente Orozco und David Alfaro Siqueiros zählen zu den Anführern. Rivera, ein engagierter Freskenmaler, versuchte einen Stil zu entwickeln, der sowohl der Geschichte Mexikos als auch dem Geist der Revolution gerecht wurde. Siqueiros, ebenfalls ein Muralist, zeichnete Kartons für das Mosaik des Verwaltungsgebäudes der Universität von Mexiko-Stadt. Dort findet man an den Außenwänden der Bibliothek auch ein Mosaik von Juan O'Gorman, das Schriftzeichen der Maya und Motive der Azteken zeigt.

Die bildenden Künste haben auch heute im alltäglichen Leben in Mexiko einen hohen Stellenwert. Man findet moderne Volkskunst deshalb auch eher auf Märkten und in Privathäusern als in Galerien.

Themen
Religiöse Bilder, Rituale, das Jüngste Gericht

Symbole
Tiere, Vögel, Sonnen, Schlangen, Skelette, Schädel

Materialien
Jade, Türkis, Stein, Keramik, Zinn, Bronze

Objekte
Stoffe, Masken, Steingut, Puppen, Fliesen

Orte
Kirchen, Palenque, Tulum, Monte Alban, Mexiko-Stadt

Auch die Natur kann Sie inspirieren – schauen Sie sich ungewöhnliche Pflanzen und Naturerscheinungen an.

MEXIKANISCHE MUSTER 57

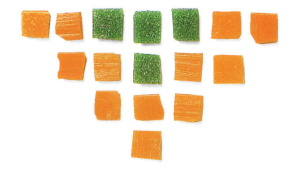

Die Kombination verschiedener Tesserae in diesem Bild erzeugt eine besondere Wirkung: Feurige Farben und Buntglas für die Sonne vor dem kräftigen Blau des Himmels lassen den Betrachter das flimmernde Licht und die Hitze der kargen Landschaft regelrecht spüren. Die Variationen für die Tesserae sind bei einem solchen Entwurf schier unendlich. Verwenden Sie Tesserae aus Terrakotta, matten Fliesen, Fußbodenfliesen, Spiegelstücken, Keramik, Kieselsteinen und leuchtendem Buntglas.

Kaktus-Wandbild

Materialien
Pauspapier
Markierstift
Keramikfliesen
Glastesserae
Buntglas
stabiles Holzbrett
Spezial- bzw. Dispersionskleber
Keramikkleber
Mörtel

Ausrüstung
Staubmaske und Schutzbrille
Glas- oder Keramikschneider
Kneifzange
Palettenmesser oder kleiner Spachtel
Verfuger
Gummihandschuhe
Schwamm und Topfkratzer
fusselfreies Tuch

Katy Hall

Das Design vorbereiten
Schleifen Sie die Unebenheiten des Holzbretts mit Sandpapier ab und bringen Sie eine Grundierung aus Weißleim und Wasser (ein Teil Kleber auf vier Teile Wasser) auf. Zeichnen oder übertragen Sie das Motiv auf das Holz und heben Sie die Umrisse deutlich mit einem Markierstift hervor. Tragen Sie nun die Hauptfarben in den entsprechenden Abschnitten ein.

TIP Legen Sie einen Bogen Pauspapier über die Schablone. Diese sollte genau dem vorgesehenen Platz Ihres Wandbildes entsprechen. Mit einem harten Bleistift wird der Umriß des Bildes nachgezeichnet. Nun werden die Bildlinien des umgedrehten Pauspapieres mit einem weichen Bleistift noch einmal nachgezogen. Drehen Sie das Pauspapier erneut um und kleben Sie es auf dem Holzbrett fest, um das Design zu übertragen. Für diesen letzten Schritt benutzen Sie einen harten Bleistift und drücken damit die Umrisse mit Kraft auf das Brett.

Die Farben auswählen
Schneiden Sie die Tesserae und mischen Sie dabei unterschiedliche Materialien, Formen, Maße und Schattierungen derselben Farbe miteinander. Wählen Sie die nach Farben sortierten Tesserae während der Arbeit willkürlich aus. Bringen Sie die Tesserae mit der Kneifzange in die richtige Form.

Das Bild aufbauen
Bei der direkten Methode befestigen Sie die Tesserae mit Fliesenkleber, den Sie nach und nach auftragen, damit er nicht vorzeitig trocknet. Arbeiten Sie stets nur an einem Abschnitt des Bildes, fangen Sie beim Vordergrund mit seinen Details an und füllen Sie dann den Hintergrund. Die Tesserae aus verschiedenem Material sollten direkt nebeneinanderliegen: z. B. Buntglas neben Keramikfliesen oder gefärbtem Glas verleiht der Oberfläche eine abwechslungsreiche Struktur.

58 MOSAIKARBEITEN

Den Hintergrund ausfüllen

Achten Sie beim Verlegen der Hintergrundtesserae darauf, einen zur Sonne hin dunkleren Farbverlauf einzuarbeiten, um den Eindruck von Hitze zu vermitteln. Der Sand sollte aus warmen Tönen bestehen, die Echse mit kleinen dunklen Tesserae umrandet und so betont werden. Sobald alle Tesserae verlegt sind, lassen Sie das Mosaik einige Tage flach liegend trocknen.

Den Mörtel auftragen

In einem Eimer mischen Sie hellbraunen Mörtel an, den Sie anschließend mit einer kleinen Maurerkelle oder einem Spachtel verteilen. Das überschüssige Material wischen Sie mit einem Verfuger weg und glätten dabei schärfere Kanten.

Das Bild säubern

Mörtelreste entfernen Sie mit einem feuchten Schwamm oder einem Topfkratzer. Sobald der Mörtel erhärtet ist, polieren Sie mit einem fusselfreien Tuch nach.

Legende

- Eine Mischung aus hellem und mittelblauem Buntglas, Keramik und Flachglas in Türkis, Marine- und Kobaltblau, Hell- und Mittelblau
- Braune und bronzefarbene Keramik- und Glasstücke
- Keramik und Glas in Hell- und Dunkelgelb, Rot, Orange, Ocker, Gold, Sand- und Steinfarben
- Eine Mischung von Glas- und Keramikstücken in Dunkel- und Mittelgrün sowie Moosgrün
- Schwarze Keramik

Schablone

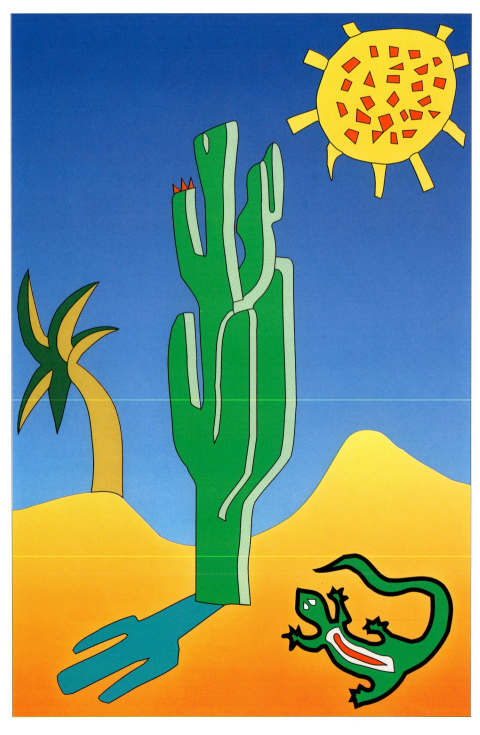

MEXIKANISCHE MUSTER **59**

Farb-varianten

Experimentieren Sie mit unterschiedlich strukturierten Tesserae. Verwenden Sie für den Sand rauhe, matte Fliesen und für den Himmel glänzende Blautöne. Auch vielfarbige Tonscherben können Sie als besondere Note in Details miteinflechten.

Diese Auswahl von sehr warmen Farben und der Einsatz stark reflektierender Tesserae schaffen eine Atmosphäre, die der großen Hitze auf dem Bild Ausdruck verleiht.

- Verschiedene gelbe und orangefarbene Keramik
- Unglasierte Terrakotta
- Verschiedene rote, purpurfarbene und violette Keramik
- Schwarze Keramik
- Türkisfarbenes Glas
- Marineblaue Keramik
- Smaragdgrüne Keramik
- Grasgrüne Keramik
- Weiße Keramik

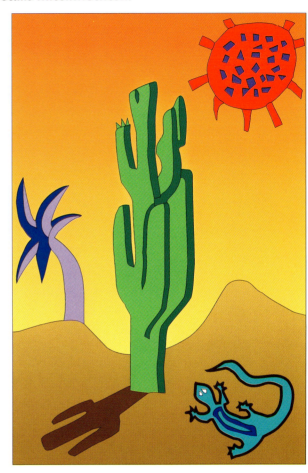

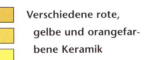

- Verschiedene rote, gelbe und orangefarbene Keramik
- Schwarze Keramik
- Grasgrüne Keramik
- Smaragdgrüne Keramik
- Violette Keramik
- Blaue Keramik
- Braune Keramik
- Weiße Keramik

Durch Vertauschen der Farben untereinander erhält man einen vollkommen anderen Eindruck, wobei die von der Sonne ausgedörrte Szenerie in ihrer Wirkung unverändert bleibt.

Der mexikanisch inspirierte Kamin wird aus einer Vielzahl von Scherben aus Keramikfliesen, bunten und gemusterten Fliesen und zerbrochenen Tonwaren gelegt. Der Vordergrund ist durch einen andersfarbigen Mörtel und unterschiedliche Tesserae deutlich vom Hintergrund getrennt. Die Schönheit dieser Arbeit liegt darin, daß – obgleich die Scherben keine gleichmäßigen Formen haben – die Farben und Muster der Tesserae dem Kamin dennoch eine außerordentliche Lebendigkeit verleihen.

Mexikanischer Kamin

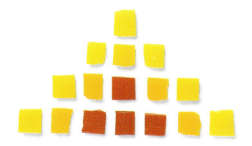

Steve Wright und Donald Jones

Materialien
weiße Keramikfliesen
weiße und schwarze Keramik
vielfarbige und buntgemusterte Tonscherben
dünner Karton
doppelseitiges oder Maskier-Klebeband
Weißleim oder Spezial- bzw. Dispersionskleber
Zement
roter Zementfarbstoff

Ausrüstung
Staubmaske und Schutzbrille
Fliesenschneider
Kneifzange
Maurerkelle
grobes Sandpapier
Schere
Skalpell oder Schneidemesser
Eimer
Gummihandschuhe
Schwamm und Topfkratzer

Das Design vorbereiten
Sollte die Oberfläche des Kamins sehr glatt sein, rauhen Sie sie mit grobem Sandpapier auf, bevor Sie die Mischung aus Leim und Wasser (im Verhältnis ein Teil Kleber zu vier Teilen Wasser) aufbringen. Zeichnen Sie die Umrisse mit einem Markierstift direkt auf die Oberfläche.

Schneiden der Tesserae
Mit dem Fliesenschneider und der Kneifzange teilen Sie die Scherben in passende Größen und Formen. Für Ihre Details verwenden Sie ausschließlich die weißen und schwarzen Keramikteile – hierdurch wird die optische Trennung vom Hintergrund bei der Gesamtansicht verdeutlicht. Bewahren Sie die Tesserae in einem Behälter in Griffweite auf.

Der erste Arbeitsabschnitt
Wählen Sie ein Motiv aus, mit dem Sie beginnen möchten, und trennen Sie es mit einer kleinen Wand aus Karton ab (siehe auch Tip S. 62). Etwas nach den Angaben des Herstellers in einem Eimer angerührter Zement wird mit rotem Zementfarbstoff versetzt. Diese Mischung wird nun in den von den Kartonwänden abgetrennten Bereich gegossen, und sofort mit der Verlegung der Tesserae begonnen. Wählen Sie diese willkürlich aus und kümmern sich nicht zu sehr darum, ob sie exakt aneinanderpassen, denn der Zement hat bei diesem Projekt eine eigene gestalterische Funktion, und verbleibende Zwischenräume sind deshalb erwünscht. Zudem müssen Sie in kurzen, raschen Intervallen arbeiten, um die Tesserae zu legen, bevor der Zement abgebunden hat. Für diese Arbeit wäre ein Helfer von großem Vorteil. Während der voranschreitenden Arbeit sollten Sie sofort Zementreste auf den Tesserae mit einem Schwamm oder größere Klumpen mit einem Topfkratzer entfernen.

Weitere Abschnitte legen
Sind alle Tesserae zu Ihrer Zufriedenheit verlegt, gewähren Sie dem Abschnitt eine ausreichende Trockenzeit. Wenden Sie sich solange dem nächsten Motiv zu, bei dem Sie in gleicher Weise vorgehen. Vervollständigen Sie alle Details und lassen Sie das Resultat einige Tage ruhen, damit der Zement erhärten kann. Sobald er trocken ist, entfernen Sie vorsichtig die Kartonwände.

62 MOSAIKARBEITEN

TIP Da der Zement schnell trocknet, sollten Sie stets nur an einem Abschnitt arbeiten. Stellen Sie jeweils kleine Wände aus Karton als Abgrenzung auf. Hierfür benutzen Sie biegsamen Karton, den Sie in lange Streifen schneiden. Nun ritzen Sie noch einmal im Abstand von 4 cm zum Rand die Streifen leicht an, und knicken diese dann ein. So können Sie den Karton mit beidseitigem oder normalem Klebeband um den Bereich herum befestigen, der gelegt werden soll.

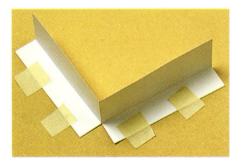

Eine Kartonwand

Den Hintergrund auffüllen

Auch den Hintergrund legen Sie in Abschnitten, die Sie jeweils mit Kartonwänden abteilen. Sobald Sie den Zement in kleinen Mengen mit einer Maurerkelle aufgetragen haben, kleben Sie die willkürlich ausgewählten, bunten Tonscherben auf. Auch hier müssen die Tesserae nicht exakt passend sein – die buntgemusterten Ton- und Keramikscherben brauchen keine fugengenaue Verarbeitung, um ihre Wirkung zu entfalten.

Schablone

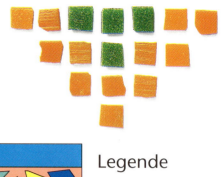

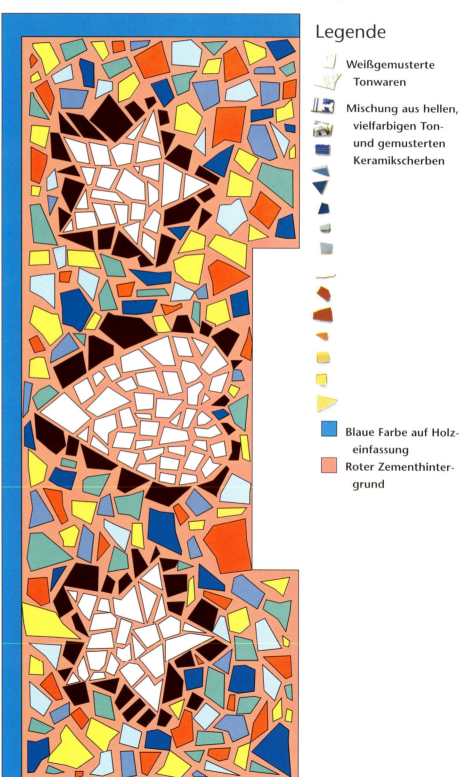

Legende

- Weißgemusterte Tonwaren
- Mischung aus hellen, vielfarbigen Ton- und gemusterten Keramikscherben

- Blaue Farbe auf Holzeinfassung
- Roter Zementhintergrund

MEXIKANISCHE MUSTER **63**

Farbvarianten

Scheuen Sie sich nicht davor, auch ungewöhnliche Kombinationen von hellen Tonscherben, bunten und gemusterten Fliesenstücken auszuprobieren. Zeigen Sie Mut – mischen Sie einfach einmal Kontrast- und Komplementärfarben mit kräftigen Hintergrundfarben und hellem Mörtel.

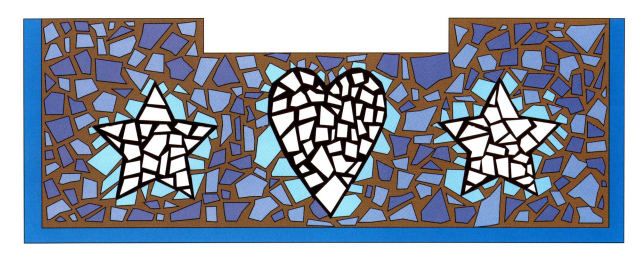

- ☐ Weiße Keramik
- ☐ Blaue und weiße Weidenmotivkeramik
- ☐ Blaues Glas
- ☐ Marineblaue Farbe für Randeinfassung aus Holz
- ■ Schwarzer Mörtel für Vordergrundmotive
- ☐ Zementbett als Hintergrund

In dieser Version wurden die Farben und verwendeten Materialien auf ein Minimum reduziert, um ein einfacheres und dezenteres Ergebnis zu erhalten.

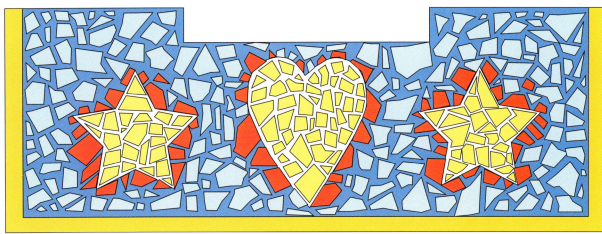

Wenige, gut plazierte Spiegelscherben reflektieren das Kaminfeuer und beleben so das gesamte Motiv.

- ☐ Gelbe Keramik
- ☐ Spiegelglas
- ☐ Rote Tonscherben
- ☐ Gelbe Farbe für Randeinfassung aus Holz
- ☐ Weißer Mörtel für Vordergrundmotive
- ☐ Blaugefärber Zement für Hintergrund

Die Idee für dieses Wandbild stammt vom aztekischen Motiv einer doppelköpfigen Schlange aus Türkisen, die wohl ursprünglich ein dekorativer Kopfschmuck war. In dieser Version ist die Schlange ca. 3 m lang; also etwas zu groß, um als Hut getragen zu werden. Während das Original der Azteken aus Türkisen bestand, werden hier Keramikfliesen verwendet. Verschiedene Fliesenformen und -stärken sowie die dreieckigen Spiegelstücke verleihen dem Tier die einer Schlangenhaut ähnliche Struktur.

Aztekisches Schlangenwandbild

Materialien
Pauspapier
Holz
Weißleim oder Spezial- bzw. Dispersionskleber
Wasser
Spiegel
Keramikfliesen
Acrylfarbe
Mörtel (in Pulverform)

Ausrüstung
Stichsäge
Staubmaske und Schutzbrille
Fliesen- oder Glasschneider
Kneifzange
Spachtel
Gummihandschuhe
Flachpinsel
sauberes trockenes Tuch

Den Untergrund vorbereiten

Vergrößern Sie Ihr Motiv auf die erforderlichen Ausmaße und übertragen Sie es dann auf das Holz. Die hier abgebildete Schlange hat eine Länge von ca. 3 m, was sicherlich für ein Privathaus keine passende Größe ist. Sind Ihre Räumlichkeiten also nicht groß genug, um das Motiv unterzubringen und es aus angemessener Entfernung betrachten zu können, sollten Sie es verkleinern. Mit der Stichsäge sägen Sie vorsichtig das Holz, den Umrißlinien folgend, aus. Grundieren Sie die Holzoberfläche nun mit Spezialkleber oder Weißleim, der mit Wasser angemischt wird (im Verhältnis von einem Teil Leim zu vier Teilen Wasser).

Die Tesserae schneiden

Die Fliesen werden zunächst nur grob zugeschnitten und später mit der Kneifzange detaillierter nachgearbeitet. Der türkise Farbton entsteht durch die Mischung von blauen und grünen Fliesen. Hierfür schneiden Sie die gleiche Menge beider Farben zurecht und bewahren sie zusammen auf.

Die farbigen Tesserae verlegen

Bei der direkten Methode arbeiten Sie sich vom Außenrand des Motivs nach innen vor und wählen dabei die Tesserae ganz willkürlich aus. Mit Weißleim oder Spezialkleber befestigen Sie diese dann auf dem Holz. Arbeiten Sie die Tesserae mit der Kneifzange präziser nach. Halten Sie sich genau an die Umrißlinien und verlegen Sie zunächst nur die blauen und grünen Tesserae, dann das Schwarz der Augen und das Weiß der Zähne. Lassen Sie alles über Nacht trocknen. Die Außenränder müssen gut abgebunden haben, bevor Sie mit den Spiegelabschnitten weitermachen.

Fran Soler

Schablone

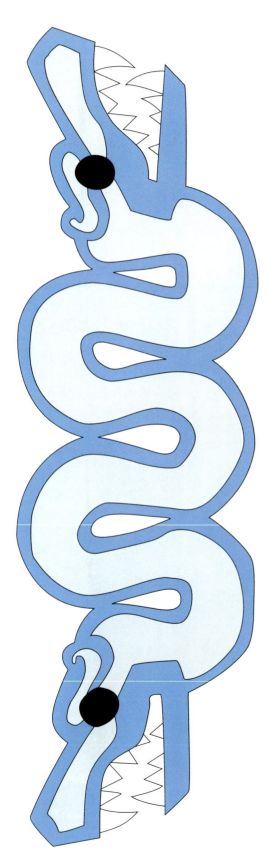

Einsetzen der Spiegeltesserae
Zerteilen Sie den Spiegel in kleine Dreiecke. Spiegelglas wird genauso bearbeitet wie Keramikfliesen: Zuerst wird eine Linie auf der Oberfläche eingeritzt, dann wird der Spiegel mit der Fliesenbrechzange zerbrochen. Bei dieser Arbeitsphase müssen Sie Handschuhe tragen, da die Spitzen der Dreiecke sehr scharf sind. Mit Weißleim oder Spezialkleber befestigen Sie diese dann auf dem Holz. Da auch bei dieser Arbeit die Verfugung zum Gesamteindruck beiträgt, sollten Sie sich keine Gedanken über ungleiche Abstände machen. Sobald alle Tesserae verlegt wurden, gönnen Sie dem Objekt vor der Einbettung in Mörtel eine mehrtägige Trocknungszeit.

Mörtel auftragen
Bei diesem Projekt werden zwei verschiedene Mörtelfarben verwendet: Terrakotta für die Keramik- und Türkis für die Spiegelabschnitte. Mischen Sie eine Lösung aus Wasser und Acrylfarbe, um den Mörtel einzufärben. Diese Lösung fügen Sie dann dem Mörtelpulver bei und rühren dieses dann wie gewohnt an. Vergessen Sie dabei nicht, daß die Farbe nach dem Trocknen heller wird. Es ist ratsam, den Mörtel einmal probeweise trocknen zu lassen. Zuerst werden die Keramikabschnitte mit dunklem terrakottafarbenem Mörtel verfugt. Arbeiten Sie vom äußeren Rand nach innen und achten Sie besonders am Rand auf einen sauberen Abschluß. Mit einem Spachtel tragen Sie den Mörtel auf, den Sie in alle Zwischenräume pressen. Mit einem feuchten Schwamm entfernen Sie anschließend überflüssiges Material. Nach einer angemessenen Trockenzeit fahren Sie in gleicher Weise mit dem türkisfarbenen Mörtel zwischen den Spiegeltesserae fort.

Den Holzrand bemalen
Nachdem der Mörtel getrocknet ist, reiben Sie Mörtelreste mit einem trocknen Tuch ab. Schließlich bemalen Sie den Seitenrand des Holzuntergrundes mit Acrylfarbe im gleichen Ton wie der Terrakottamörtel.

> **TIP** Mörtel färbt man mit Zementfarbstoffen oder wie in diesem Fall mit einfacher Acrylfarbe. Farbe und Wasser werden zuerst zu einer dickflüssigen Masse angerührt und dann dem noch pulverförmigen Mörtel beigemischt. Zuerst scheint es, als mischte sich die Farbe nur schlierenhaft, aber bei ständigem Rühren verteilt sie sich schließlich gleichmäßig. Vergessen Sie nicht, daß die Farbe nach dem Trocknen heller wird, deshalb sollten Sie zuvor eine Probe machen.

Legende

Keramikfliesen:
- Schwarz
- Weiß
- Kobaltblau
- Marineblau
- Blau gemustert
- Blau
- Türkis

 Spiegelglas

Farbvarianten

Die kräftigen Farben und die relativ einfache Form bewirken, daß Sie sich mehr auf interessante und ungewöhnliche Oberflächenstrukturen konzentrieren können, die sich aus verschiedenen Tesseraestärken, -formen und -farbtönen zusammensetzen.

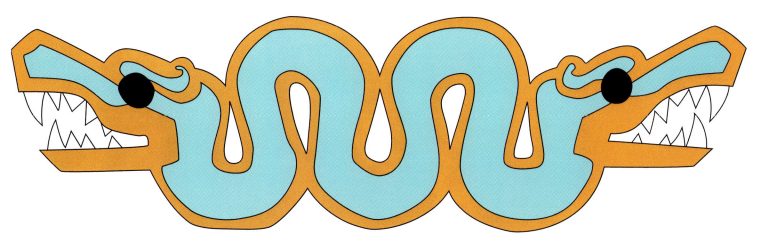

- Unglasierte Terrakotta
- Türkisfarbene Keramik
- Schwarze, matte Keramik
- Weiße Keramik

Verwendet man Tesserae, die sich in der Struktur stark voneinander unterscheiden, in Komplementärfarben, erreicht man damit eine noch stärkere Abgrenzung des Umrisses zum Schlangenkörper.

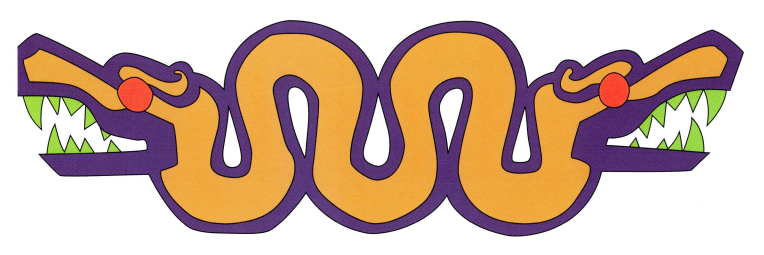

Ungewöhnliche Kombinationen sehr lebendiger, glänzender Keramikfarben machen aus einem eher einfachen Motiv eine faszinierende, abstrakte Komposition.

- Purpurfarbene Keramik
- Orangefarbene Keramik
- Rote Keramik
- Limonengrüne Keramik

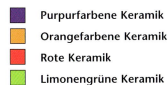

Farbenfrohe Keramik, ein kühnes Design und unebene Flächen verleihen diesem, vom mexikanischen Kunsthandwerk inspirierten Blumenkasten eine lichtreflektierende und farbensprühende Wirkung. Alle leuchtenden Farbkombinationen eignen sich für dieses Projekt, auch verschiedene Materialien wie Scherben von Tonwaren, Tellern, Teetassen – Hauptsache, sie haben fröhliche Farben und freche Muster. Hier können Sie endlich die meisten Dinge wiederverwenden, die irgendwann einmal zerbrochen sind.

Mexikanischer Blumenkasten

Materialien
Spachtelmasse
Sandpapier
Pauspapier
Bleistift
Markierstift
Weißleim oder Spezial- bzw. Dispersionskleber
Fliesenkleber
Keramikfliesen
Mörtel
rechteckiger Terrakotta-Blumenkasten

Ausrüstung
Maurerkelle
Flachpinsel
Staubmaske und Schutzbrille
Fliesenbrechzange
Kneifzange
Spachtel
Eimer
Verfuger
Schwamm
Tuch

Fran Soler

Die Oberfläche vorbereiten

Zunächst tragen Sie mit dem Flachpinsel eine Mischung von Leim und Wasser (im Verhältnis ein Teil Kleber zu vier Teilen Wasser) auf der Oberfläche des Blumenkastens auf. Nach einer angemessenen Trocknungsphase glätten Sie mit Spachtelmasse und einem Spachtel alle Unebenheiten (siehe Tip). Sobald die Spachtelmasse getrocknet ist, schmirgeln Sie die Oberfläche mit Sandpapier glatt, bevor Sie erneut eine Schicht des Klebers aufbringen und wie gehabt gut durchtrocknen lassen. Dies verleiht dem Mosaik einen besseren Halt.

TIP Gleichen Sie unerwünschte Maserungen oder eingearbeitete Muster mit Spachtelmasse aus. Drücken Sie diese mit einem Spachtel fest in die Vertiefungen und glätten sie dann mit einem Verfuger. Vergewissern Sie sich stets, daß die Oberfläche trocken und staubfrei ist, bevor Sie mit dem Auftragen beginnen. Sobald die Masse trocken ist, schmirgeln Sie die Oberfläche mit Sandpapier glatt und tragen eine weitere Schicht des wassergelösten Klebers auf. Vor dem Verlegen des Mosaiks lassen Sie die Fläche gut durchtrocknen.

Die Fliesen brechen

Die Keramikfliesen werden mit der Fliesenbrechzange zunächst nur grob zugeschnitten und später mit der Kneifzange detaillierter nachbearbeitet. Versuchen Sie, die Farben getrennt voneinander zu lagern, besonders die Grün- und Blautöne, die man leicht miteinander verwechseln kann.

Die Fliesenstücke anbringen

Kleben sie nun die Fliesen mit einem kleinen Tropfen Fliesenkleber auf die Seitenflächen des Blumenkastens. Manche Keramikteile haben größere Aus- oder Einbuchtungen, die bei der Originalfliese zum einfacheren Verlegen gedacht waren. Für diese Arbeit ist ein ebenes Aufliegen zwar nicht unbedingt erforderlich, Sie können dennoch solche Erhebungen mit einer Kneifzange entfernen.

70 MOSAIKARBEITEN

Das Fliesenkleben abschließen
Arbeiten Sie sich Seite für Seite um den Blumenkasten herum und sparen zunächst den oberen Rand aus, so daß Sie den Kasten ohne Schwierigkeiten zum Arbeiten hochheben können. Sobald alle Tesserae verlegt sind, sollte das Mosaik einige Tage ruhen.

Farbigen Mörtel anmischen
Mischen Sie terrakottafarbenen Mörtel im Eimer an. Wenn Sie weißes Mörtelpulver haben, geben Sie dem Wasser Zementfarbstoff oder Pigmente bei, bevor Sie das Mörtelpulver einrühren. Allerdings ist es sehr schwierig, aus bereits gefärbtem Mörtel eine überzeugende Terrakottafarbe anzumischen. Vor dem Arbeitsbeginn sollten Sie deshalb eine Testmenge anrühren.

Mörtel auftragen
Tragen Sie den Mörtel mit einem Spachtel zuerst auf einer Seite des Kastens druckvoll auf. Mit dem Verfuger entfernen Sie überflüssiges Material. Ebenso verfahren Sie bei den folgenden Seitenteilen. Nun reinigen Sie mit einem feuchten Schwamm das gesamte Mosaik. Sobald das Mosaik getrocknet ist, können Sie es mit einem fusselfreien Tuch sauber polieren. Vor dem Bepflanzen sollte der Mörtel noch einige Tage durchtrocknen.

Schablone

Legende

Keramikfliesen:
- Orange
- Purpur
- Helles Türkis
- Hellrot
- Türkis
- Hellgelb
- Terrakottafarbener Mörtel

SEITENANSICHT, LÄNGS

SEITENANSICHT, QUER

MEXIKANISCHE MUSTER **71**

Farb-
varianten

Um diesen Blumenkasten mit einem lebhaften Mosaik zu dekorieren, wurden glasierte Keramikfliesen verwendet. Sie können aber auch Porzellanscherben für die Details oder matte Keramik für eine gedämpftere Wirkung verarbeiten.

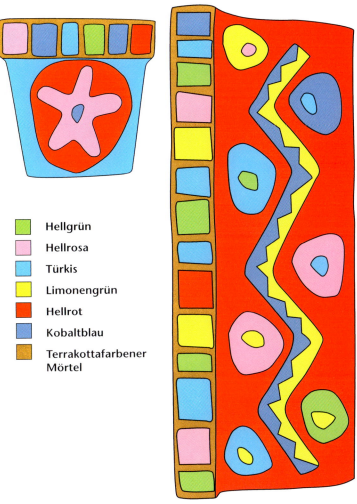

- Hellgrün
- Hellrosa
- Türkis
- Limonengrün
- Hellrot
- Kobaltblau
- Terrakottafarbener Mörtel

Eine Mischung kräftiger Farben aus glänzenden, hellen Tesserae wirkt fröhlich und läßt Ihre Fensterbank heller und lebendiger scheinen.

Für eine kühlere Wirkung verwenden Sie blasse Farben. Wählen Sie eine Mischung aus gedämpften Farben gleicher Intensität, so erhalten Sie ein ausgefalleneres Ergebnis.

- Violett
- Türkis
- Blaßblau
- Sandfarben
- Meergrün
- Kobaltblau
- Terrakottafarbener Mörtel

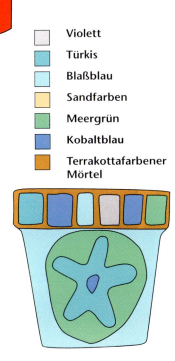

Islamische Muster

Islamische Mosaiken erinnern mit ihren aufwendigen Designs an die byzantinischen Arbeiten. Islamische Mosaikkünstler erzielten mit diesem Medium außergewöhnliche Effekte. Die Mosaikkunst war traditionell eng an die Architektur gebunden und bediente sich meist vorgefertigter, farbiger Fliesen, aus denen einige der wohl erstaunlichsten Mosaiken überhaupt entstanden. Der Hauptunterschied zwischen den Stilrichtungen besteht darin, daß in der byzantinischen Kunst im wesentlichen Szenen aus dem Leben Christi und anderer Heiliger thematisiert wurden, wohingegen im Islam Gott nicht abgebildet, sondern natürliche Formen, geometrische Mustern und Inschriften dargestellt wurden.

Detaillierte, großflächige Mosaiken dekorieren das Haroun-Mausoleum in Isfahan.

Die Blattmuster und die Farbgebung dieses rumänischen Kelims (unten) verdeutlichen den Einfluß islamischer Textilien bis nach Osteuropa.

Der Begriff „Islamische Kunst" ist recht ungenau und deckt viele unterschiedliche Stilrichtungen, Epochen und Techniken ab, die nicht unbedingt einen religiösen Bezug haben. Die Blütezeit der islamischen Kultur vom 7. bis zum 17. Jh. fiel in die Periode zwischen dem Untergang des Römischen und Byzantinischen Reiches und dem Aufstieg der europäischen Nationen. Während dieser Zeit wurden die islamischen Nationen Syrien, Ägypten, Irak und Iran zu den zentralen Mächten im Handel zwischen Ost und West. Ursprünglich war die Textilkunst die wichtigste Kunstrichtung, nicht nur wegen der ökonomischen Bedeutung des Handels mit Stoffen, sondern auch weil der wirtschaftliche Austausch der Übermittlung und Verbreitung von Gedankengut zwischen den Regionen diente, bevor das Papier seinen Einzug hielt.

ISLAMISCHE MUSTER 73

Dieses Mosaikdetail stammt aus der „Mezquita", der ehemaligen Hauptmoschee des islamischen Spaniens in Cordoba aus dem 10. Jh. Es zeigt sowohl arabische Schriftzeichen als auch halbabstrakte Blumenmuster.

Islamische Textilien bieten eine reiche Quelle der Inspiration für Mosaikkünstler, denn handgewebte Teppiche bestehen ebenfalls aus kleinen Farbfeldern und sind auch von den Mustern her mit dem Mosaik vergleichbar. Ebenso spielte das Buch eine wesentliche Rolle in der islamischen Kunst, kulturell gesehen sogar die wichtigste, da hier das Wort Gottes niedergeschrieben wurde. Bücher waren stets mit wunderschönen Bildern illustriert. Die Bedeutung der Schrift wurde in andere Kunstrichtungen übernommen: Inschriften schmückten sowohl Schnitzereien als auch ganze Gebäude. Andere wichtige Kunstformen wie die Keramik-, Glas-, und Metallherstellung, Steinmetzarbeiten, Kristallschliffe und Elfenbeinschnitzerei verwendeten dieselben Symbole.

Der Felsendom in Jerusalem (links) stammt aus dem Jahre 692 n. Chr. und hat eine glänzende Goldkuppel und beeindruckende Mosaiken auf den Innen- und Außenwänden.

Themen
Religion, Geometrie, wiederholte Muster

Symbole
Inschriften, Bäume, Pflanzen

Materialien
Marmor, Keramik, Smalten, Emaille, Stein, Gold

Objekte
Bücher, Teppiche, Textilien, Fliesen

Orte
JERUSALEM
Felsendom (Omar-Moschee)

SPANIEN
Große Moschee von Cordoba

IRAN
Moschee des Schahs in Isfahan

Der Felsendom am Fuß des Tempelberges in Jerusalem, wo einst Salomons Tempel stand, wurde im späten 7. Jh. n. Chr. erbaut. Er wurde häufig als das erste Bauwerk der islamischen Architektur angesehen und war einstmals vollständig mit Mosaiken bedeckt. Die Mosaiken der Außenwände wurden im 16. Jh. durch Fliesen ersetzt, die in den Innenräumen blieben weitestgehend erhalten. Die unteren Wandbereiche sind mit kostbarem Marmor versehen, der in sehr detaillierten Mustern verlegt wurde. Um die Arkadenbögen der inneren Fassade herum befinden sich Inschriften, die ältesten historischen Zeugnisse, die Texte aus dem Koran wiedergeben. Die oberen Mauerbereiche des Achtecks und der Kuppelwand sind mit einem Mosaik aus leuchtenden Farben und vergoldeten Glastesserae bedeckt. Die meisten der Dekorationen zeigen Blumen, Pflanzen, Bäume, Juwelen und Blütenkelche. Objekte, die vormals als Randdekoration oder Hintergrundelemente in den byzantinischen Mosaiken verwendet wurden, entwickelten sich hier zum Zentrum des Kunstwerks.

Ein anderes bedeutsames Beispiel islamischer Baukunst ist die Moschee von Cordoba, einstmals die wichtigste Stadt des von den Mauren eroberten Spaniens. Die Arbeitskräfte und Materialien stammten aus Konstantinopel, so entstand ein kunstvoll mit Goldglasmosaiken und Marmorschnitzereien dekorierter Bau.

Auch die Moschee des Schahs aus Isfahan ist wegen ihrer aufwendigen Verzierungen erwähnenswert. Hier wurden die Mauern mit vielfarbigen glasierten Fliesen versehen, und das Eingangsportal wurde mit einem phantastischen Mosaik aus Keramikfliesen in sieben Farben bedeckt, die ihrerseits aus größeren Fliesen entsprechend zugeschnitten wurden. Dies war eine damals ganz gewöhnliche Verlegemethode für Mosaiken in der Architektur, aber dennoch ist dieses gut erhaltene Mosaik sehr beeindruckend.

ISLAMISCHE MUSTER 75

Die kühlen Farben, glatten Strukturen und detaillierten Muster dieser Tischplatte wurden inspiriert von den herrlichen geometrischen Mustern des Islam und von Töpferwaren, die häufig kobalt- oder türkisblau waren.

Geometrische Tischplatte

Materialien
Pauspapier
Blei- und Markierstift
Sperrholz (fünflagig)
Weißleim oder Spezial- bzw. Dispersionskleber
Keramikteller mit blauen Weidenmustern
Glastesserae
matte Keramiktesserae
Sand
Zement
Tischunterbau

Ausrüstung
Staubmaske und Schutzbrille
Fliesenschneider und Brechzange
Kneifzange
Skalpell oder Schneidemesser
Verfuger
Eimer
Tuch
Schraubendreher

Den Untergrund vorbereiten
Das Motiv vergrößern Sie am besten mit einem Fotokopierer auf die Maße Ihrer Tischplatte. Nun zeichnen oder übertragen Sie das Design auf das Holzbrett und heben die Umrißlinien mit einem Markierstift hervor. Die Holzoberfläche kann jetzt vorbereitet werden (siehe Tip).

Mit dem Hauptornament anfangen
Brechen Sie die Tesserae mit einer Kneifzange in die richtige Größe. Für das Erarbeiten von Rundungen kneifen Sie die Ränder einer Seite ab, so daß Sie trapezförmige Stücke erhalten. Mit diesen können Sie geschwungene Linien legen. Sie beginnen zunächst mit den Wirbeln des Hauptmotivs, die eine kräftige dunkle Farbe erhalten sollten. Kleben Sie die Tesserae mit einem Tropfen Spezialkleber auf ihrer Rückseite an. Umranden Sie anschließend das Motiv mit willkürlich ausgewählten, hellblauen und gemusterten Hintergrundtesserae. Nun setzen Sie die Arbeit an der Außenkante fort, für die Sie etwas kräftigere, dunkelblaue Tesserae verwenden und nur wenige gemusterte Teile. Am Rand der Tischplatte folgen Sie der Rundung mit hellblauen und gemusterten Tesserae – die gleichen Farben, die auch für den Hintergrund verwendet werden.

TIP Sie können die Holzoberfläche auch mit einem Skalpell vorbereiten, mit dem Sie tiefe, kreuz und quer verlaufende Einritzungen vornehmen. Preßspan muß danach mit einer Lösung von Weißleim und Wasser (im Verhältnis ein Teil Kleber zu vier Teilen Wasser) versiegelt werden. Die tiefen Linien geben dem Mörtel oder Zementkleber zusätzlichen Halt.

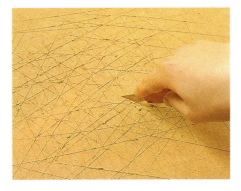

Den Hintergrund vervollständigen
Folgen Sie bei der Verlegung des Hintergrunds – wie auf der Schablone auf S. 76 zu sehen – der Linienführung des Hauptmotivs, so daß die Tesserae mit diesen Rundungen mitfließen. Die Tesserae können willkürlich ausgewählt werden, versuchen Sie aber dennoch, eine gewisse Ausgewogenheit zwischen den verschiedenen Blautönen und dem Weidenmuster beizubehalten. Sobald alle Tesserae befestigt sind, lassen Sie die Tischplatte vor der Weiterarbeit einige Tage durchtrocknen.

Norma Vondee

76 MOSAIKARBEITEN

Sand-/Zementmischung anrühren

Während dieser Arbeit sollten Sie unbedingt Gummihandschuhe tragen. In einem Eimer rühren Sie eine Mischung aus Sand und Zement (im Verhältnis 3:1) an, der Sie langsam Wasser zugeben, bis eine krümelige, feuchte Masse entsteht. Sollten Sie farbigen Zement geplant haben, fügen Sie jetzt ein wenig Zementfarbstoff hinzu. Nun verteilen Sie die Sand- und Zementmischung mit einem Verfuger druckvoll auf der Oberfläche des Mosaiks, so daß die Masse in alle Fugen gepreßt wird, und glätten den Rand, um scharfe Kanten auszugleichen. Überschüssiges Material mit einem feuchten Lappen abwischen und zum Schluß mit einem trockenen Tuch nachgehen.

Zementmischung trocknen lassen

Die Sand- und Zementmischung braucht einige Tage, um völlig auszuhärten. Solange sollte das Mosaik auf der Platte stets mit einem feuchten Tuch abgedeckt in einem kühlen Raum stehen. Damit das Tuch nicht zu trocken wird, legen Sie eine Plastikfolie darüber. Einige Tage später können Sie die Platte auf dem Fuß befestigen.

Die Tischplatte montieren

Nach der Aushärtung verbinden Sie die Plattenunterseite nun fest mit dem Unterbau, und Ihr Tisch ist fertig.

Schablone

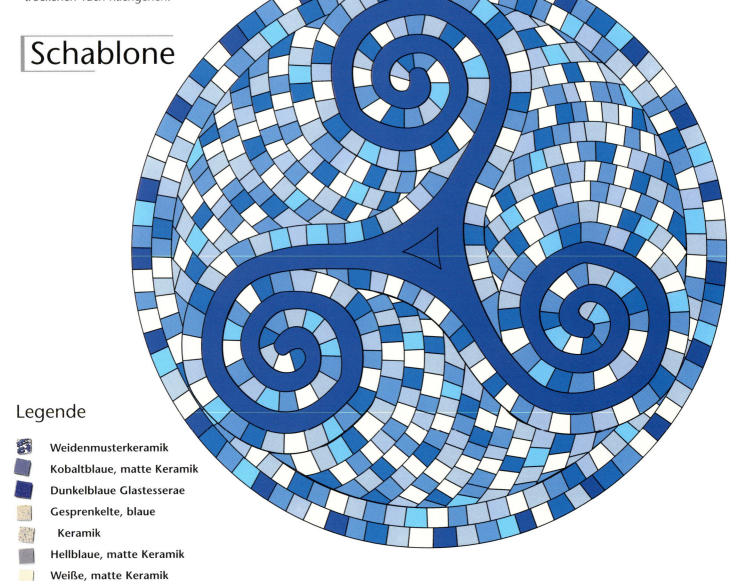

Legende

- Weidenmusterkeramik
- Kobaltblaue, matte Keramik
- Dunkelblaue Glastesserae
- Gesprenkelte, blaue Keramik
- Hellblaue, matte Keramik
- Weiße, matte Keramik

ISLAMISCHE MUSTER **77**

Farb-
varianten

Einen starken Kontrast erzeugen Sie mit kräftigen Farben für das Wirbelmotiv im Vordergrund und hellen, feingemusterten Hintergrundtesserae.

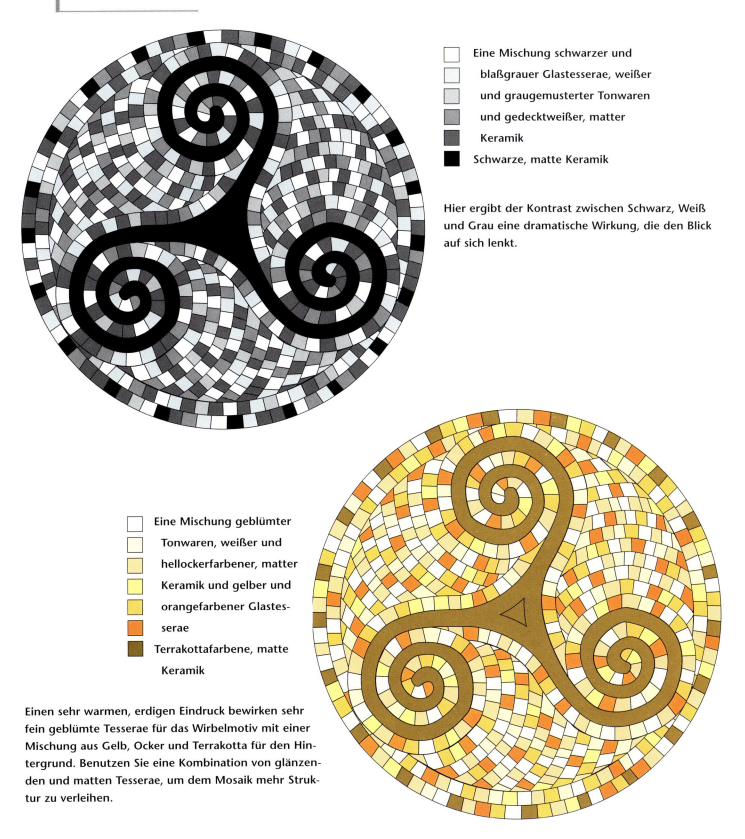

Eine Mischung schwarzer und blaßgrauer Glastesserae, weißer und graugemusterter Tonwaren und gedecktweißer, matter Keramik

Schwarze, matte Keramik

Hier ergibt der Kontrast zwischen Schwarz, Weiß und Grau eine dramatische Wirkung, die den Blick auf sich lenkt.

Eine Mischung geblümter Tonwaren, weißer und hellockerfarbener, matter Keramik und gelber und orangefarbener Glastesserae

Terrakottafarbene, matte Keramik

Einen sehr warmen, erdigen Eindruck bewirken sehr fein geblümte Tesserae für das Wirbelmotiv mit einer Mischung aus Gelb, Ocker und Terrakotta für den Hintergrund. Benutzen Sie eine Kombination von glänzenden und matten Tesserae, um dem Mosaik mehr Struktur zu verleihen.

ISLAMISCHE MUSTER **79**

Dieses feingemusterte Wandbild wurde von Schülern der Stoke-Newington-Oberschule in London, an der auch Susan Goldblatt als Gastdozentin lehrt, entworfen und hergestellt. In kleinen Gruppen studierten die Schüler islamische Teppiche, Fliesen und Textilien, von denen sie die Inspiration für ihre eigenen Muster erhielten. Jeder einzelne trug zum Entwurf und zur Umsetzung der Mosaikabschnitte bei, und so entstand zur Freude der gesamten Schule dieses beeindruckende Wandbild.

Islamisches Wandbild

Materialien
Millimeterpapier
Pauspapier
kräftiges Packpapier
Bleistift
Glastesserae
Weißleim oder Spezial- bzw. Dispersionskleber
Preßspanquadrate
Mörtel

Ausrüstung
Staubmaske und Schutzbrille
Kneifzange
Flachpinsel
Topfkratzer
Maurerkelle
Schwamm
Eimer
Lappen
Verfuger

TIP Geometrische Figuren arbeitet man am besten auf Millimeterpapier aus. Zunächst heben Sie die äußersten Randlinien mit einem kräftigen Markierstift hervor und zeichnen dann das Muster mit Bleistift vor. Sobald es Ihren Vorstellungen entspricht, ziehen Sie die Linien auch hier mit dem Markierstift nach. Das Raster des Millimeterpapiers erleichtert den Entwurf eines symmetrischen Designs.

Die Abschnitte gestalten
Zeichnen Sie jeden der Abschnitte auf Pauspapier. Vergessen Sie dabei nicht, daß die einzelnen Teile später ein harmonisches Bild ergeben sollen. Jeder Abschnitt wird mit dem Fotokopierer entsprechend vergrößert und ausgemalt. Im Entwurf sollten insgesamt nicht mehr als sechs Farben verwendet werden, dies sorgt für Einheitlichkeit im ganzen Wandbild.

Den Kleber auf die Preßspanplatte aufbringen
Mit einem Flachpinsel grundieren Sie den Preßspan mit einer Lösung aus Weißleim oder Spezialkleber und Wasser (im Verhältnis ein Teil Kleber zu vier Teilen Wasser). Alle Preßspanquadrate müssen unbedingt gleichgroß sein, so daß sie später exakt zusammengesetzt werden können.

Das Design auf das Holz übertragen
Übertragen Sie den Entwurf nun auf die Holzplatte. Die Umrisse müssen mit einem Markierstift deutlich hervorgehoben und die Farben auf den entsprechenden Flächen eingetragen werden.

Susan Goldblatt

Schablone

Legende

Glastesserae:
- Weiß
- Hellgrün
- Dunkelrot
- Grauschwarz
- Schwarz
- Blau

Die Tesserae aufkleben

Mit der Kneifzange schneiden Sie die Tesserae auf die erforderlichen Größen. Bei dieser Arbeit sollten Sie unbedingt Staubmaske und Schutzbrille tragen, um sich beim Schneiden vor Glassplittern zu schützen. Mit einem Tropfen Spezialkleber auf der gewellten Unterseite werden die Tesserae befestigt. Die glatten Seiten bilden die spätere Oberfläche des Mosaiks. Nachdem alle Tesserae angeklebt wurden, sollten Sie das Mosaik über Nacht in Ruhe trocknen lassen.

Den Mörtel aufbringen

In einem Eimer mischen Sie nun nach den Angaben des Herstellers dunklen Mörtel an. Diesen verteilen Sie mit einer Maurerkelle auf der Oberfläche des Mosaiks, wobei Sie den Mörtel kraftvoll in die Zwischenräume drücken. Nun glätten Sie die Oberfläche mit einem Verfuger, um überschüssiges Material zu entfernen. Mit einem feuchten Schwamm oder Topfkratzer entfernen Sie weitere Mörtelreste. Nach dem Abbinden polieren Sie mit einem trockenen Lappen nach.

Das Mosaik zusammenfügen und aufhängen

Sobald alle Abschnitte fertig sind und der Mörtel trocken ist, setzen Sie die Abschnitte mit sehr starkem Kleber auf einem größeren Brett, das als Untergrund für das ganze Mosaik dient, zusammen. Bevor Sie das Mosaik an der Wand aufhängen, sollte es unbedingt gut durchgetrocknet und erhärtet sein.

ISLAMISCHE MUSTER **81**

Farb-
varianten

Diese Schablonen zeigen nur einen der Abschnitte, die das gesamte Wandbild ausmachen. Die Farben der Beispiele können beliebig für die anderen Sektionen variiert werden. Lassen Sie Ihrer Phantasie freien Lauf!

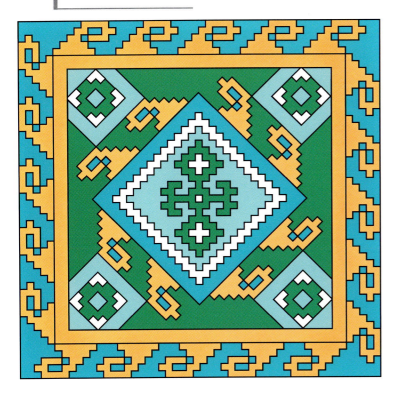

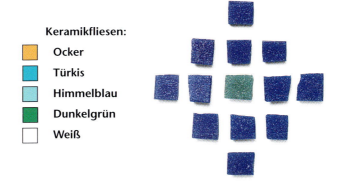

Keramikfliesen:
- Ocker
- Türkis
- Himmelblau
- Dunkelgrün
- Weiß

Setzen Sie einfache, natürliche Farben ein, um eine volltönige Komposition aus waldgrünen und meerblauen Tönen zu erzielen.

Keramikfliesen:
- Rot
- Mittelgrün
- Ocker
- Violett
- Orange

Für eine moderne Wirkung greifen Sie ruhig zu Komplementärfarben in satten Tönen, die einen schillernden, verwirrenden Effekt bewirken.

ISLAMISCHE MUSTER **83**

Die Idee für dieses Kästchen entstand durch die intensive Betrachtung von Kelims und anderen Teppichen und ihren wunderschönen Farben und verwirrenden Mustern. Die geometrischen, ineinandergreifenden Formen bilden ein sich wiederholendes Muster und können so den Maßen jedes Gegenstandes beliebig angepaßt werden.

Kästchen mit Kelimmuster

Materialien
Millimeterpapier
Pauspapier
Bleistift
Markierstife
Weißleim oder Spezial- bzw. Dispersionskleber
Fliesenkleber
Mörtel
Glastesserae

Ausrüstung
Kneifzange
Flachpinsel
Sandpapier
Spachtel
Staubmaske und Schutzbrille
Eimer
Verfuger
Schwamm und trockenes Tuch
Topfkratzer

Das Design planen

Zuerst messen Sie Ihr Kästchen aus und zeichnen die Umrisse auf Millimeterpapier. Dann tragen Sie ein Gittermuster von je 1 cm≈ ein. Mit vier verschiedenfarbigen Stiften arbeiten Sie nun das Design aus, bis es die Umrisse ganz ausfüllt. Jede Farbe erhält eine Nummer, mit der die Quadrate entsprechend markiert werden. Mit einem Bogen Pauspapier können Sie das Design dann übertragen.

Das Kästchen vorbereiten

Die Oberfläche des Kästchens wird mit Sandpapier aufgerauht. Dabei schleifen Sie auch alte Farbe oder Lack ab. Jetzt können Sie die Zeichnung übertragen. Sie können auch direkt auf dem Kästchen zeichnen und Ihren Entwurf nur als Hilfe einsetzen (siehe auch Tip S. 57). Die Farbnumerierung der einzelnen Quadrate markieren Sie sorgfältig. Mit einer Lösung aus Leim und Wasser (im Verhältnis ein Teil Kleber zu vier Teilen Wasser) grundieren Sie die Oberflächen und lassen sie ausreichend lange trocknen.

Das Verlegen der Tesserae

Während das Kästchen noch trocknet, können Sie bereits mit einer Kneifzange die Tesserae zu Quadraten schneiden. Versuchen Sie diese so genau wie möglich zuzuschneiden, damit Sie die Kanten sauber am Rand entlangführen können.

Sie beginnen auf den Seitenteilen des Deckels. Verteilen Sie ein wenig Fliesenkleber auf dem Holz und pressen dann die Tesserae mit der flachen Seite nach oben kräftig an. Die Tesserae mit schrägen Kanten sollten an den oberen Rändern der Seiten angebracht werden, um eine gleichmäßige Kante zwischen Ober-

TIP Wenn Tesserae auf einem verschließbaren Kästchen angebracht werden, müssen sie so verlegt werden, daß der Deckel problemlos geöffnet und wieder geschlossen werden kann, ohne daß ein unerwünschter Zwischenraum an der Verschlußkante entsteht. Sie müssen Ihre Tesserae also in einer Größe zuschneiden, die sich genau in die Kästchengröße einpassen läßt. Glastesserae haben einen schrägen Rand an der Unterseite, der saubere Fugen an den Ecken des Kästchens ermöglicht.

Richard Hanson

84 MOSAIKARBEITEN

Schablone

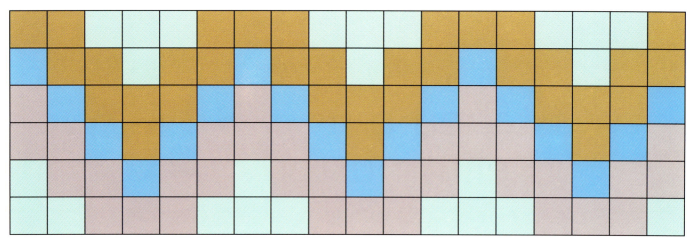

AUFSICHT

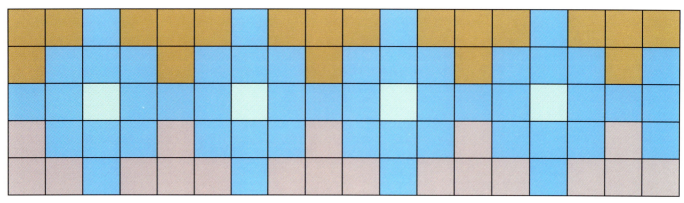

SEITENANSICHT LÄNGS

seite und Seitenteilen des Deckels zu erhalten. Bevor Sie auf der Oberseite des Deckels arbeiten, müssen die Seitenteile beendet und getrocknet sein. Verlegen Sie danach die Tesserae auf dem Unterteil des Kästchens. Wenn schließlich alle Abschnitte des Kästchens bedeckt sind, lassen Sie die Arbeit über Nacht ruhen.

Den Mörtel auftragen

Mischen Sie dunklen Mörtel an, den Sie mit einem Spachtel aufbringen und dabei fest in alle Zwischenräume drücken. Mit dem Verfuger, einem feuchten Schwamm oder einem Topfkratzer entfernen Sie das überflüssige Material und hartnäckige Reste. Sobald der Mörtel getrocknet ist, polieren Sie das Kästchen mit einem trockenen, fusselfreien Tuch nach.

Legende

Glastesserae:

- Helles Purpur
- Meergrün
- Kobaltblau
- Rehbraun

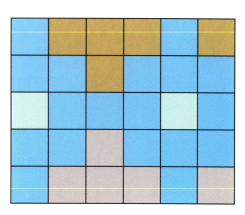

SEITENANSICHT QUER

ISLAMISCHE MUSTER 85

Farbvarianten

Für dieses Design benötigen Sie Tesserae in vier verschiedenen Farben. Sie können auch Tesseraesorten mischen, z. B. glasierte und matte Keramik, wobei die Tesserae gleichdick sein sollten, damit die Oberfläche eben wird.

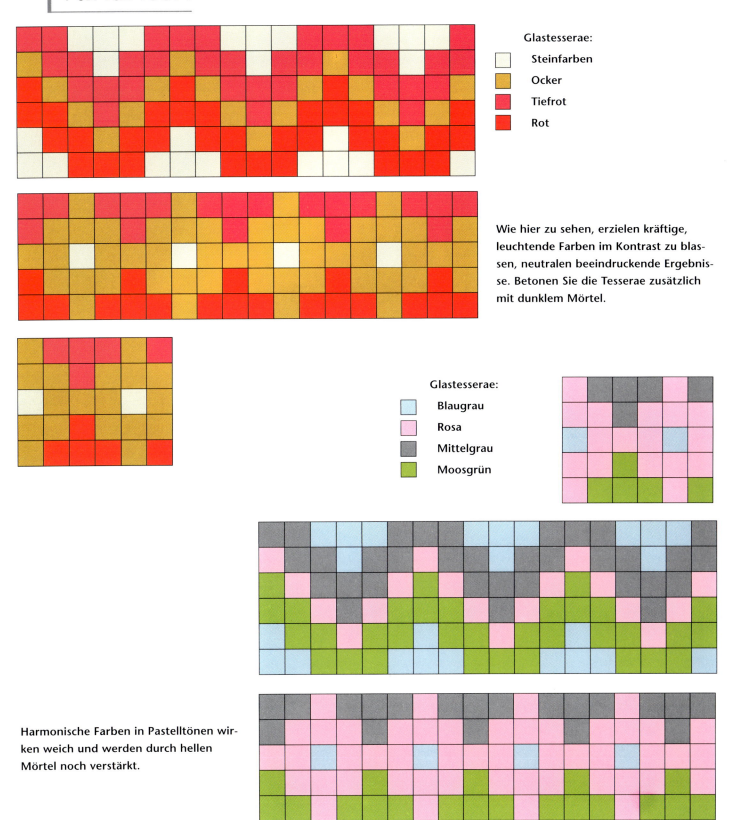

Glastesserae:
- Steinfarben
- Ocker
- Tiefrot
- Rot

Wie hier zu sehen, erzielen kräftige, leuchtende Farben im Kontrast zu blassen, neutralen beeindruckende Ergebnisse. Betonen Sie die Tesserae zusätzlich mit dunklem Mörtel.

Glastesserae:
- Blaugrau
- Rosa
- Mittelgrau
- Moosgrün

Harmonische Farben in Pastelltönen wirken weich und werden durch hellen Mörtel noch verstärkt.

FERNÖSTLICHE MUSTER

Der Ferne Osten bietet mit seiner Jahrtausende alten Kultur ein großes Feld für Inspirationen und Ideen aller Art. Viele Kunstobjekte wurden eher für religiöse oder praktische Zwecke als aus rein ästhetischen Gesichtspunkten hergestellt. Die Künstler des Fernen Ostens schufen nach strikten Vorgaben und traditionellen Herstellungsweisen bedeutende Kunstwerke mit starker Symbolkraft und spiritueller Bedeutung.

Traditionelle, fernöstliche Libellen-, Blumen- und Schilfgrasmotive wurden als Schmuck für diese Porzellanvase des 19. Jhs. aus Saigon verwendet.

Religion, insbesondere der Buddhismus, spielt eine wesentliche Rolle in der fernöstlichen Kunst. Indische Kaufleute, die den Lehren des um 560 v. Chr. in Nepal geborenen Siddharta (später bekannt als Buddha) folgten, verbreiteten den Buddhismus von Indien bis nach China und Japan. In der indischen Kunst taucht Buddha immer wieder als zentrale Figur auf Gemälden und anderen Kunstobjekten auf. Künstler und Handwerker verwendeten kräftige Farben und religiöse sowie spirituelle Symbole und schufen so mit großer Detailgenauigkeit die Grundelemente der indischen Kunst. Diese äußerte sich in vielfältiger Form: Höhlenschreine, Malereien, ornamentale Schnitzereien, Bronzefiguren von Buddha, Skulpturen von Hindugöttern und reichgeschmückte Tempel und Paläste. Die hierfür verwendeten bunten, glasierten Fliesen wurden in Lahore Anfang des 17. Jh.s entwickelt und vornehmlich an Gebäuden eingesetzt.

Religion, Aberglaube, Astrologie und Mythologie spielen eine große Rolle in der Geschichte der chinesischen Kultur. Im alten China gab es drei Hauptreligionen: den Konfuzianismus, den Taoismus und den Buddhismus, die zwar unterschiedliche, aber sich dennoch ergänzende Wertvorstellungen hatten. Der Konfuzianismus bindet jeden einzelnen im sozialen Gefüge ein, der Taoismus dagegen verleiht dem einzelnen eine eigene Stellung auf der Erde, und der Buddhismus gibt ihm Hoffnung auf Wiedergeburt. Obgleich im alten China die Mythologie keine besondere Stellung innehatte, wurden doch später mythische Wesen, wie der Drache, der Phönix und das Einhorn durch die

Dieses japanische Origamipapier hat klassische Muster und leuchtende, moderne Farben.

FERNÖSTLICHE MUSTER

Natürliche Materialien wie Federn und Insektenflügel wurden als Schmuck für diesen Fächer aus dem 18. Jh. verwendet.

„Krishna erzählt seinem Freund von seinen Liebschaften" ist das Thema dieser farbenfrohen indischen Buchillustration aus dem 18. Jh.

Überlieferungen alter Geschichten bekannt und tauchten in der Malerei, auf Textilien oder in anderen Kunstformen immer wieder auf. Die Chinesen brillierten in sämtlichen Handwerkskünsten, schufen wundervolle, aus Bronze gegossene Gefäße, Lackarbeiten und Textilien aller Art und wurden um die Mitte des 16. Jh.s für ihr herrliches Porzellan bekannt.

Die Hauptreligion im alten Japan war der Schintoismus. Dieser orientierte sich an den Lehren der Natur, weshalb sowohl heilige Lebewesen, die „Kami" genannt wurden, als auch Berge, Flüsse, Steine und Bäume verehrt wurden. Schintoschreine und -tempel waren einfache, oftmals leere Räume. Der Buddhismus kam im 6. Jh. n. Chr. über China nach Japan. Seine aufwendigen Rituale und ornamentreichen Tempelbauten bildeten einen krassen Gegensatz zu den einfachen Schintotempeln. Unter dem Einfluß des Zen-Buddhismus entwickelte sich die Gartengestaltung zu einer eigenen Kunstform. Bonsaibäume, Vulkangestein, Moose, Teiche, Bäche und befestigte Pfade spiegelten in ihrer Anordnung symbolisch Landschaftsansichten wider und schufen eine Atmosphäre des Friedens und der Meditation. Japanische Künstler und Handwerker waren außerdem Meister im Metallgießen, im Schmieden von Schwertern, bei Lackarbeiten, beim Herstellen von Miniaturen aller Art und nicht zuletzt auch bei der Herstellung außergewöhnlicher Malereien auf Seide und Papier. Farbe und Form bildeten dabei die Grundelemente, mit denen Natur und Spiritualismus vielfältig dargestellt wurden.

Obgleich es im Fernen Osten keine Tradition der Mosaikherstellung gab, findet man dennoch ein riesiges Potential an Themen und Kunstformen, aus denen man eigene Ideen entwickeln kann.

Themen
Buddhismus, Taoismus, Konfuzianismus, Schintoismus, Natur, Astrologie, Mythen und Legenden, Tempel, Paläste, Throne

Symbole
Elefant, Krieger, Schmetterling, Drache, Einhorn, Phönix, Libelle

Muster
Berge, Bäche, Wellen, Wolken, Steine, Bäume, Blumen

Materialien
Holz, Papier, Seide, Bronze, Jade

Objekte
Lackarbeiten, Porzellan, Textilien, Kimonos, Malereien, Skulpturen

Orte
Landschaftsgärten, Paläste, Schreine, Tempel

Spiegel in Handform

Durch die Verbindung von einfacher Technik mit komplexen Formen und ausgefallenen Farben verwandeln Sie etwas im Grunde Gewöhnliches in etwas Ausgefallenes. Nehmen Sie z. B. diesen herrlichen Handspiegel von Steve Wright, der aus einem einfachen Gebrauchsgegenstand ein wahres Kunstwerk geschaffen hat.

Materialien
Buntglas
Spiegel
Holz
Weißleim oder Spezial- bzw. Dispersionskleber
Epoxidharzkleber
weißer Mörtel in Pulverform
Goldfarbe

Ausrüstung
Stichsäge
Staubmaske und Schutzbrille
Glasschneider
Kneifzange
Spachtel
Eimer
Schwamm
fusselfreies Tuch
Flachpinsel
Sandpapier

Den Untergrund vorbereiten

Zeichnen oder ritzen Sie das Design auf das Holz und heben Sie die Umrisse deutlich mit einem Markierstift hervor. Schneiden Sie die Form mit einer Stichsäge (siehe Tip) aus und schleifen dann die rauhen Kanten ab. Grundieren Sie die Holzoberfläche mit einer Lösung von Spezialkleber oder Leim und Wasser (ein Teil Kleber zu drei Teilen Wasser) und lassen sie anschließend gut trocknen.

TIP Spannen Sie das Holz fest in eine Werkbank ein und sägen Sie die Form mit einer Stichsäge genau aus. Das ist viel einfacher und leichter mit einer elektrischen Stichsäge, sofern Sie eine besitzen. Aber das gleiche Ergebnis kann auch mit einer Handsäge erreicht werden. Schmirgeln Sie rauhe Kanten mit Sandpapier glatt.

Schneiden und Kleben der Tesserae

Die Tesserae brechen Sie mit Glasschneidern und Schneidemessern. Mit der Kneifzange arbeiten Sie die Stücke paßgenau nach. Wenn möglich, sollten Sie diese Arbeit draußen verrichten und in jedem Fall Staubmaske und Schutzbrille gegen abspringende Splitter tragen (siehe auch Tip S. 119). Kleben Sie die Tesserae mit wenig Epoxidharz an die vorgesehenen Stellen. Diese Arbeitsphase sollte entweder draußen oder in einem sehr gut belüfteten Raum vorgenommen werden, da dem Kleber schädliche Dämpfe entweichen. Lassen Sie die Arbeit gut durchtrocknen, bevor Sie mit dem Aufbringen des Mörtels fortfahren (einige Tage sollten hierfür ausreichen).

Steve Wright

90 MOSAIKARBEITEN

Schablone

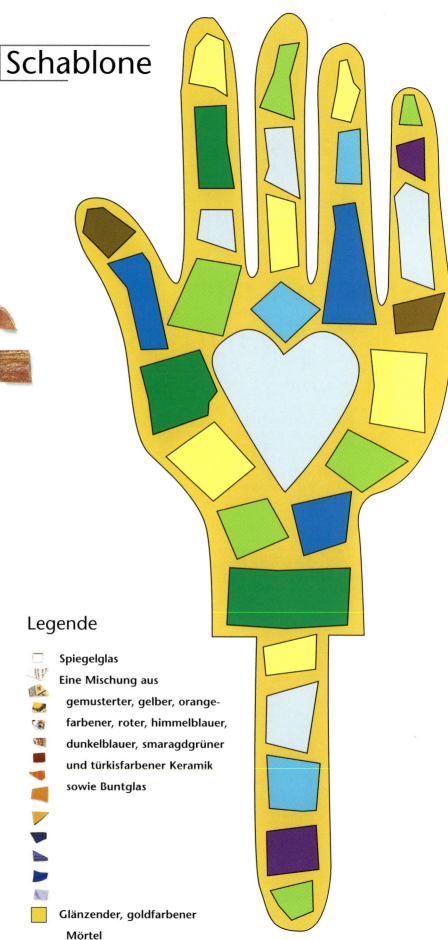

Den Mörtel aufbringen

Das Mosaik sollten Sie mit weißem oder hellgefärbtem Mörtel verfugen. Da die Fugen später ohnehin bemalt werden, ist das zwar nicht allzu wichtig, dennoch eignet sich heller Mörtel besser als dunkler. Drücken Sie den Mörtel mit einem Spachtel in die Zwischenräume des Mosaiks und runden Sie scharfe Kanten an den Seiten ab. Mit einem feuchten Schwamm entfernen Sie nun überflüssiges Material und polieren die Arbeit nach angemessener Trockenzeit mit einem fusselfreien Tuch nach.

Den Mörtel bemalen

Sobald das Mosaik trocken ist und der Mörtel gut abgebunden hat (nach etwa zwei bis drei Tagen), übermalen Sie die Mörtelfugen mit glänzender, goldener Acrylfarbe. Lassen Sie den Spiegel dann noch einige Tage völlig erhärten, bevor Sie sich darin zum ersten Mal bewundern.

Legende

- Spiegelglas
- Eine Mischung aus gemusterter, gelber, orangefarbener, roter, himmelblauer, dunkelblauer, smaragdgrüner und türkisfarbener Keramik sowie Buntglas
- Glänzender, goldfarbener Mörtel

FERNÖSTLICHE MUSTER **91**

Farb-
varianten

Wählen Sie für eine strahlende Wirkung kräftige, edelsteinähnliche Farben und glänzende Tesserae aus, oder entscheiden Sie sich für eine Farbzusammenstellung von eher unaufdringlicher Keramik und hellen Mörtelfugen.

- Spiegelglas
- Weidenmusterporzellan
- Weiße Mörtelfugen

Das ungewöhnliche Objekt erhält durch das traditionelle Weidenmusterporzellan und die Betonung durch die strahlend weißen Fugen ein modernes Aussehen.

- Spiegelglas
- Grüne, pfirsichfarbene und dunkelgrüne Keramik
- Silberne Mörtelfugen

Bei dieser Variante wurde verschiedenfarbige Keramik durch glänzende, silberne Fugen zusätzlich betont.

FERNÖSTLICHE MUSTER **93**

Die ungewöhnliche Kombination von Materialien bewirkt einen starken Kontrast zwischen den kräftigen Punkten und Umrißlinien des Schmetterlingskörpers und den feinen, zarten Linien und schillernden Farben der Flügel aus buntem Glas.

Untersetzer mit Schmetterling

Materialien
Zeichenkarton
Bleistift
Sperrholz (fünflagig)
Weißleim oder Spezial- bzw. Dispersionskleber
Buntglas
Keramiktesserae
Glastesserae
Sand
Zement

Ausrüstung
Staubmaske und Schutzbrille
Schere
Fliesenschneider
Kneifzange
Skalpell oder Schneidemesser
Verfuger
Gummihandschuhe
Eimer
Lappen

Zu Beginn
Für die Vorbereitung des Sperrholzes benötigen Sie bei diesem Projekt keine Grundierung mit gelöstem Kleber. Eingeritzte Linien geben dem Zement- und Sandbett sehr guten Halt auf dem Holz. Sollten Sie aber eine Preßspanplatte verwenden, muß die Oberfläche versiegelt werden.

Das Design und die Tesserae vorbereiten
Zeichnen oder pausen Sie das Design auf das Holzbrett und heben Sie die Umrisse deutlich mit einem Markierstift hervor. Ritzen Sie nun die Holzoberfläche mit einem scharfen Schneidemesser willkürlich ein, so daß tiefe, kreuz und quer verlaufende Linien entstehen. Brechen Sie nun Fliesen und Buntglas mit der Kneifzange zurecht, wobei Sie beim Buntglas auf scharfe Splitter achten sollten.

Den Schmetterling herstellen
Zuerst arbeiten Sie die Details des Schmetterlings heraus, die Sie mit sehr wenig Kleber auf dem Holz befestigen. Um die gerundeten Flügel zu erhalten,

TIP Jede Art von Schmetterling kann für dieses Design verwendet werden. Nehmen Sie einen Bogen Zeichenkarton und falten Sie ihn in der Mitte. Zeichnen Sie den Umriß des halben Schmetterlings. Der Falz bildet dabei die Mittellinie für den Umriß. Schneiden Sie dann den Umriß mit einer scharfen Schere aus. Das Ergebnis ist eine perfekte Schablone.

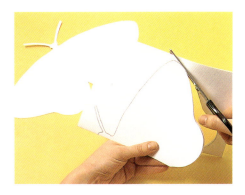

Norma Vondee

94 MOSAIKARBEITEN

Schablone

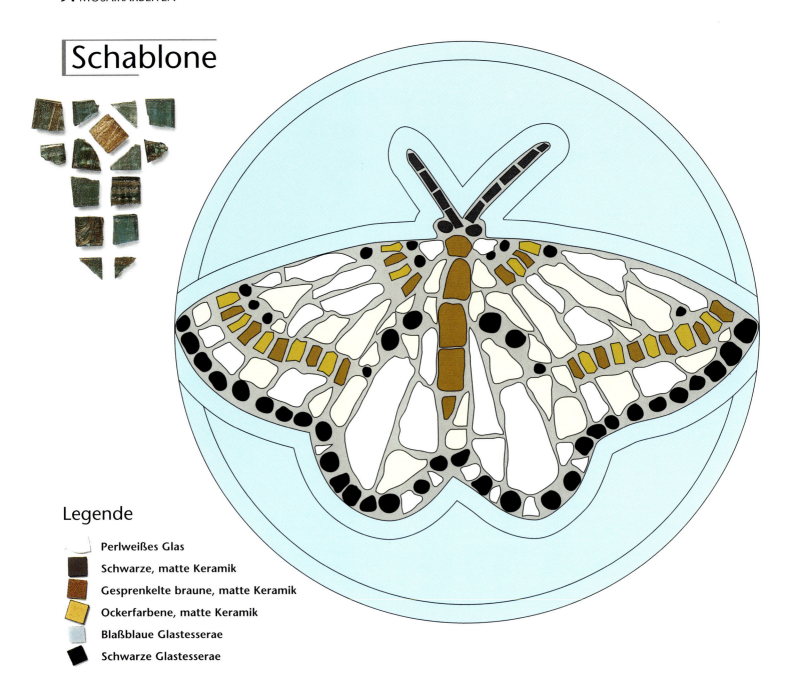

Legende

- Perlweißes Glas
- Schwarze, matte Keramik
- Gesprenkelte braune, matte Keramik
- Ockerfarbene, matte Keramik
- Blaßblaue Glastesserae
- Schwarze Glastesserae

knipsen Sie die Kanten der quadratischen Tesserae ab. Das Mosaik wirkt harmonischer, wenn Sie die Struktur des bunten Glases bei den Flügeln stets in Längsrichtung verarbeiten.

Den Hintergrund auffüllen

Zuerst legen Sie die Umrißlinie des Schmetterlings in der Hintergrundfarbe, dann die Rundung des äußeren Randes. Diese Rundungen führen Sie beim weiteren Verlegen fort, so daß die Tesserae schließlich den Schmetterling umfließen.

Sobald der Hintergrund aufgefüllt ist, kleben Sie auch auf den Brettrand Tesserae und lassen die Arbeit einige Tage trocknen.

Die Zement- und Sandmischung anrühren

Einer Mischung von Sand und Zement (drei Teile Sand zu einem Teil Zement) rühren Sie in einem Eimer solange langsam ein wenig Wasser bei, bis eine feuchte – nicht nasse –, krümelige Masse entsteht. Während dieser Arbeitsphase können Sie etwas Zementfarbstoff beigeben, falls Sie eine Färbung wünschen. Tragen Sie nun die Sand- und Zementmischung kraftvoll mit einem Verfuger auf, damit der Zement alle Fugen ausfüllt, und glätten Sie den Rand, um scharfe Kanten auszugleichen.

Trockenzeit

Lassen Sie das Mosaik in einem kühlen Raum trocknen. Dabei bedecken Sie es mit einem stets feuchten Tuch und lassen den Zement mehrere Tage erhärten.

FERNÖSTLICHE MUSTER **95**

Farb-
varianten

Um die Wirkung des Schmetterlings noch zu steigern, setzen Sie feine Farbverläufe aus Buntglas in den Flügeln ein, die wie kleine Adern aussehen, und wählen dazu kontrastierende Farben für Punkte und Muster.

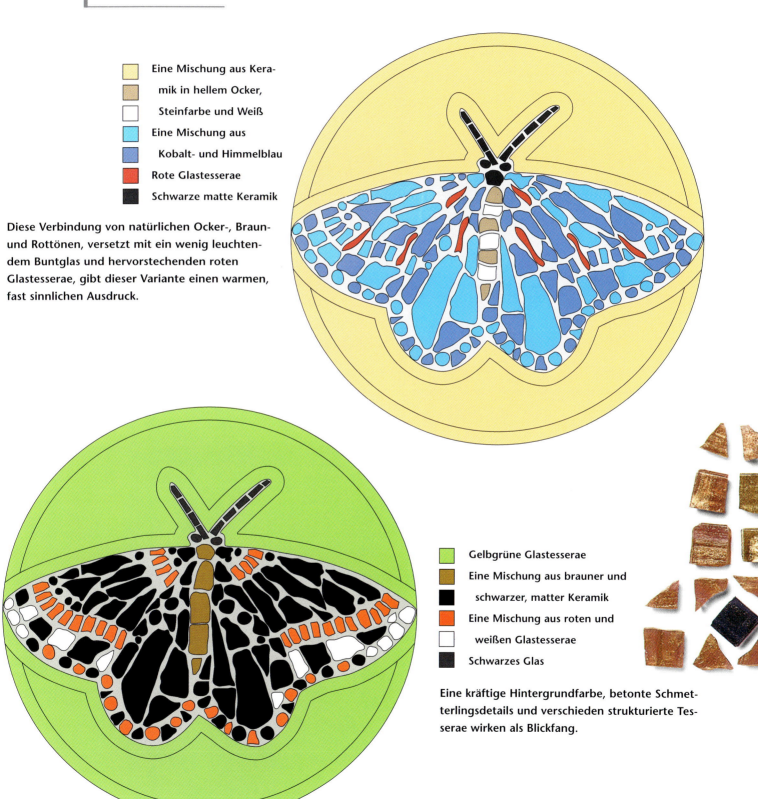

- Eine Mischung aus Keramik in hellem Ocker, Steinfarbe und Weiß
- Eine Mischung aus Kobalt- und Himmelblau
- Rote Glastesserae
- Schwarze matte Keramik

Diese Verbindung von natürlichen Ocker-, Braun- und Rottönen, versetzt mit ein wenig leuchtendem Buntglas und hervorstechenden roten Glastesserae, gibt dieser Variante einen warmen, fast sinnlichen Ausdruck.

- Gelbgrüne Glastesserae
- Eine Mischung aus brauner und schwarzer, matter Keramik
- Eine Mischung aus roten und weißen Glastesserae
- Schwarzes Glas

Eine kräftige Hintergrundfarbe, betonte Schmetterlingsdetails und verschieden strukturierte Tesserae wirken als Blickfang.

Libellenvase

Leuchtende bunte Glastesserae heben die Libelle von dem blassen Hintergrund ab und verleihen so der schlichten Vase eine gewisse Tiefe. Jede Vase oder jeder Blumenkübel kann mit diesem Mosaik geschmückt werden, aber einfache, klare Formen eignen sich am besten dafür.

Materialien
Keramikvase
Sandpapier
Weißleim oder Spezial- bzw. Dispersionskleber
Buntglas
Keramikfliesen
Zement
Markierstift
Emulsionsfarbe

Ausrüstung
Fliesenschneider
Glasschneider
Kneifzange
Pinsel
Staubmaske und Schutzbrille
Spachtel
Verfuger
Schwamm
trockener Lappen

Die Glasur mit Sandpapier abschmirgeln

Bereiten Sie die Oberfläche der Vase vor. Damit die Tesserae gut haften können, müssen Sie die Glasur mit Sandpapier teilweise abschmirgeln. Dazu müssen Sie nicht die gesamte Glasur abschleifen, es genügt, sie leicht aufzurauhen. Dagegen sollten Sie die Glasur in der Vase nicht bearbeiten, sonst wird die Vase undicht. Da bei dieser Arbeit sehr viel feiner Staub entsteht, arbeiten Sie, wenn möglich, draußen und tragen Sie stets Staubmaske und Schutzbrille. Streichen Sie nun die Oberfläche mit Spezialkleber ein. Sollten Sie auf einer deutlich gemusterten Vase arbeiten, übermalen Sie die Muster mit weißer Emulsionsfarbe, nachdem der Kleber getrocknet ist. Auf diese Weise erhalten Sie einen Hintergrund, auf dem Sie gut arbeiten und Ihr Libellenmotiv leicht aufzeichnen können. Sobald die Farbe getrocknet ist, tragen Sie eine weitere Schicht Kleber auf.

Das Design auf die Vase übertragen

Zeichnen oder pausen Sie das Libellenmotiv auf die Vase. Verteilen Sie die Libellen gleichmäßig auf der Oberfläche und markieren Sie die Umrisse deutlich mit einem Markierstift.

Mit den Libellendetails beginnen

Brechen Sie bunte Glastesserae in die passende Größe. Beginnen Sie zunächst mit den Details. Für den Kopf einer Libelle verwenden Sie ein rundes Stück Buntglas, das Sie mit einer Kneifzange zurechtschneiden. Nun befestigen Sie die Tesserae mit einem Tropfen Spezialkleber. Der Körper und die Flügel der Libelle sollten aus kleinen Tesserae gefertigt werden, die sich der Wölbung der Vase besser anpassen. Das Schilfgras fügen Sie in gleicher Weise an.

TIP Nehmen Sie ein quadratisches Stück Buntglas und knipsen Sie mit der Kneifzange die Ecken ab. Während Sie das Glas weiter mit einer Hand drehen, knipsen Sie die Ränder mit der anderen ab. Arbeiten Sie sich so einmal herum, bis keine Kanten mehr verbleiben und aus dem Quadrat ein Kreis geworden ist.

Claire Foss und Tipper Lewis

98 MOSAIKARBEITEN

Den Hintergrund auffüllen

Verwenden Sie glatte Fliesen für den Hintergrund. Brechen Sie die Tesserae zuerst in die ungefähre Größe und arbeiten sie eventuell mit der Kneifzange nach. Auch hier müssen die Tesserae relativ klein sein, damit keine Kanten wegen der Wölbung der Vase entstehen. Sobald alle Tesserae entsprechend verklebt wurden, lassen Sie die Vase über Nacht trocknen, bevor Sie mit dem Verfugen beginnen.

Den Mörtel aufbringen und das Mosaik glätten

In einem Eimer mischen Sie entweder feinen, hellgrauen oder silberfarbenen Mörtel durch Zugabe von Zementfarbstoff mit Wasser an, oder Sie verwenden bereits vorgefärbten Mörtel. Verteilen Sie diesen nun mit einem Spachtel auf dem Mosaik. Drücken Sie den Mörtel dabei kraftvoll in die Zwischenräume. Mit einem Verfuger entfernen Sie überflüssigen Mörtel und glätten die Rundung der Vase so, daß keine scharfe Kanten hervorstehen. Wischen Sie die Oberfläche der Vase mit einem feuchten Schwamm ab, um Mörtelreste zu beseitigen. Wenn das Material trocken ist, polieren Sie das Mosaik mit einem trockenen Tuch nach.

Schablone

Legende

- Weiße Keramik
- Dunkelgrünes Glas
- Türkisfarbenes Glas
- Rotes Glas
- Orangefarbenes Glas
- Silbergrauer Mörtel

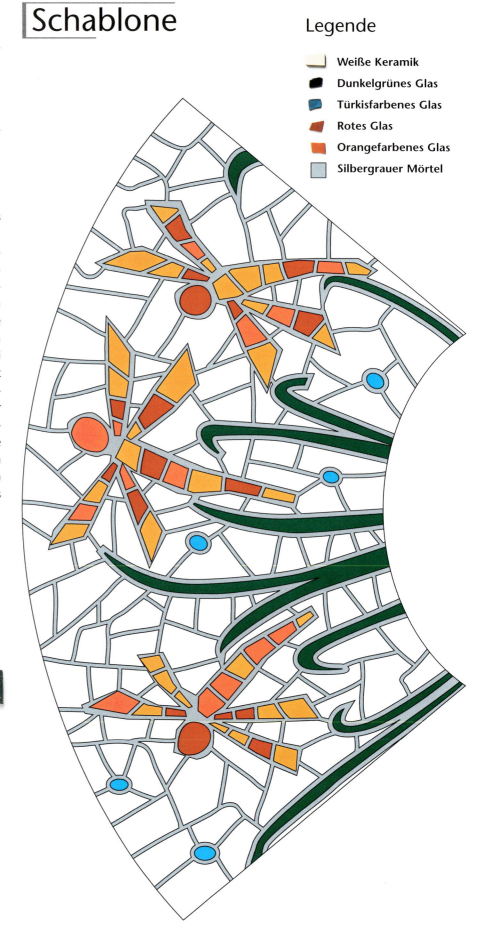

Farbvarianten

Experimentieren Sie mit den Strukturen verschiedener Tesserae. Verwenden Sie leuchtende oder gemusterte Stücke für Details vor einem matten, gedämpften Hintergrund, was dem Design zusätzliche Schärfe und Tiefe verleiht.

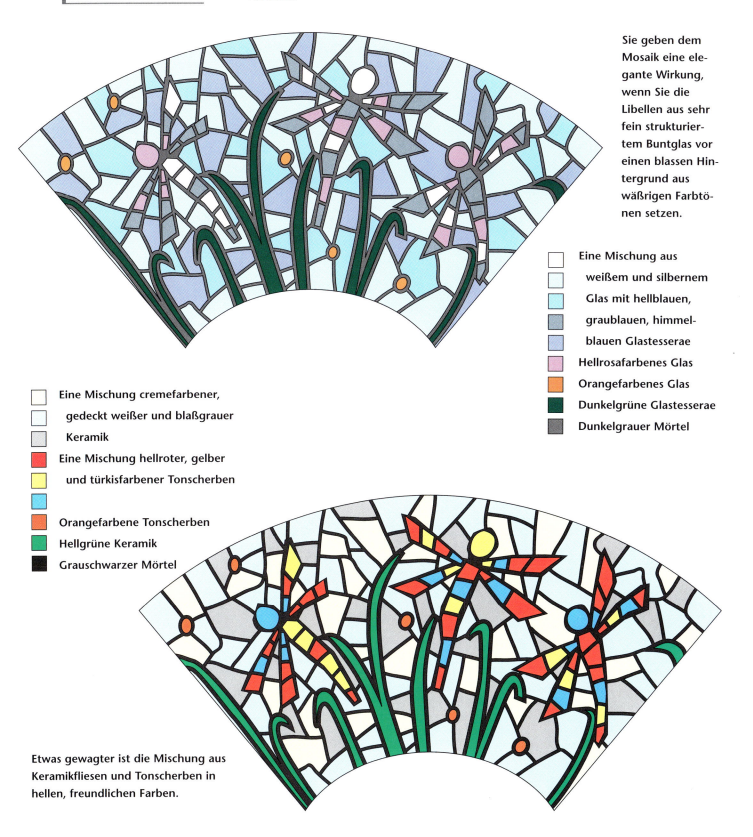

Sie geben dem Mosaik eine elegante Wirkung, wenn Sie die Libellen aus sehr fein strukturiertem Buntglas vor einen blassen Hintergrund aus wäßrigen Farbtönen setzen.

- Eine Mischung aus weißem und silbernem Glas mit hellblauen, graublauen, himmelblauen Glastesserae
- Hellrosafarbenes Glas
- Orangefarbenes Glas
- Dunkelgrüne Glastesserae
- Dunkelgrauer Mörtel

- Eine Mischung cremefarbener, gedeckt weißer und blaßgrauer Keramik
- Eine Mischung hellroter, gelber und türkisfarbener Tonscherben
- Orangefarbene Tonscherben
- Hellgrüne Keramik
- Grauschwarzer Mörtel

Etwas gewagter ist die Mischung aus Keramikfliesen und Tonscherben in hellen, freundlichen Farben.

FERNÖSTLICHE MUSTER **101**

Kühle, wäßrige Farben und sich überlappende Wellen bilden eine ruhige und entspannende Einfassung für diesen Spiegel und einen Spritzschutz, dessen Muster sich von einem traditionellen japanischen Motiv ableitet. Obgleich diese Arbeit auf einem hölzernen Untergrund befestigt wird, kann man sie über dem Waschbecken anbringen.

Spritzschutz mit Wellenmotiv

Materialien
Pauspapier
Bleistift
Markierstift
matte Keramikfliesen
Weißleim oder Spezial- bzw. Dispersionskleber
grauer Mörtel
Acrylfarbe
Preßspanplatte
Spiegel
Sandpapier

Ausrüstung
Stichsäge
Staubmaske und Schutzbrille
Kneifzange
Fliesenschneider
kleine Maurerkelle
Flachpinsel
Verfuger
Eimer
Schwamm
Tuch

John Danson

Das Design anpassen
Zuerst messen Sie die Breite des Waschbeckens und die erforderliche Höhe des Spritzschutzes und Spiegels aus. Vergrößern und verändern Sie das Design entsprechend und pausen Sie es dann auf die Preßspanplatte. Die Umrißlinien des Musters heben Sie deutlich hervor.

Das Holz vorbereiten
Mit einer Stichsäge sägen Sie das Holz entlang der Außenlinie aus und schmirgeln die rauhen Kanten mit Sandpapier glatt. Anschließend grundieren Sie die Holzoberfläche mit einer Lösung aus Weißleim oder Spezialkleber und Wasser (im Verhältnis ein Teil Kleber zu vier Teilen Wasser). Damit sich das Holz in der Feuchtigkeit des Badezimmers nicht verzieht, behandeln Sie auch die Rückseite mit der Lösung und lassen die Arbeit dann ausreichend trocknen.

Den Spiegel aufkleben
Lassen Sie nach Ihren Abmessungen den Spiegel bei einem Glaser zuschneiden. Sie kleben ihn dann mit einer großzügigen Schicht Spezialkleber auf der vorgesehenen Stelle des Holzbrettes fest.

Die Tesserae aufkleben
Mit dem Fliesenschneider brechen Sie entweder Keramikfliesen in kleine Quadrate, die Sie später in die erforderlichen Formen knipsen können, oder Sie benutzen kleine Mosaik-Keramikfliesen, die zunächst nicht weiterbearbeitet werden müssen. Halten Sie die Keramiktesserae nach Farben geordnet und numeriert zusammen. Diese Farbnummern übertragen Sie dem Design gemäß auf den Untergrund. Mit der Verlegung der Tesserae beginnen Sie am äußeren Rand. Die Tesserae werden den Farben folgend der Reihe nach mit einem Tropfen Spezialkleber aufgeklebt. Sobald die äußere Randlinie geschlossen ist, arbeiten Sie im Innenbereich des Mosaiks weiter.

Die Verlegung abschließen
Mit der Kneifzange knipsen Sie die Kanten der Keramikquadrate in eine Trapezform. Legen Sie die Tesserae nun so, daß sie gleichmäßig den Rundungen des Designs folgen. Sobald Sie sämtliche Tesserae verlegt haben, lassen Sie die Arbeit über Nacht ruhen.

Graues Mörtelpulver anmischen
In einem Eimer geben Sie dem pulverförmigen grauen Mörtel solange Wasser bei, bis dieser eine weiche, butterähnliche Konsistenz bekommt. Sollten Sie lediglich weißen Mörtel haben, färben Sie ihn, indem Sie Zementfarbstoff in das Wasser geben. Denken Sie daran, daß der Mörtel

Schablone

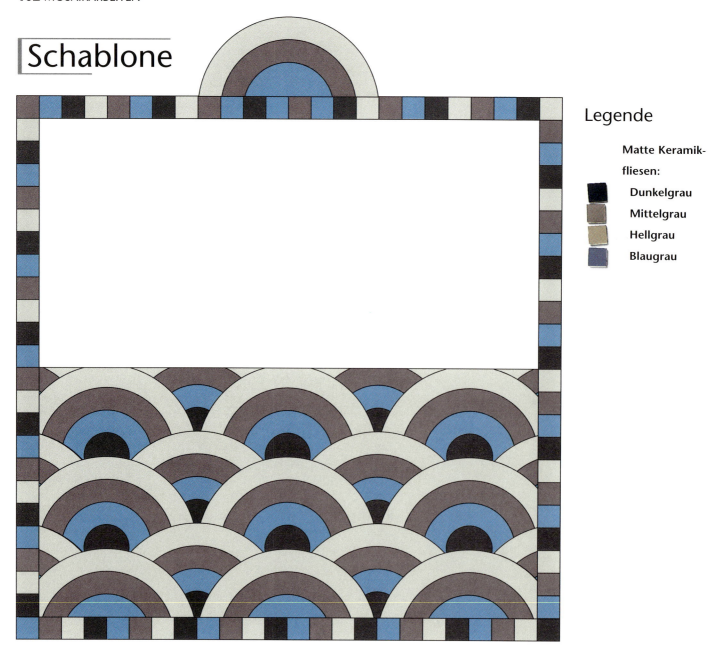

Legende

Matte Keramikfliesen:
- Dunkelgrau
- Mittelgrau
- Hellgrau
- Blaugrau

nach dem Trocknen heller wird, deshalb sollten Sie vorher eine Probe anfertigen.

Das Mosaik mit Mörtel verfugen

Verteilen Sie den Mörtel mit einer kleinen Maurerkelle vorsichtig über das Mosaik, und drücken Sie die Masse fest in die Fugen. Überschüssiges Material entfernen Sie mit einem Verfuger.

Das Mosaik säubern und polieren

Mit einem feuchten Schwamm entfernen Sie Mörtelreste. Sobald der Mörtel trocken ist, polieren Sie das Mosaik mit einem trockenen, fusselfreien Tuch nach.

TIP Schmirgeln Sie alle Mörtelreste vom Rand des Spritzschutzes mit etwas Sandpapier ab, bis die Oberfläche völlig glatt ist. Dann mischen Sie Acrylfarbe in der Farbe des Mörtels an. Diese Farbe tragen Sie nun auf und lassen sie ausreichend trocknen, bevor Sie das Mosaik an der Wand befestigen. Sie können auch denselben Hochglanzanstrich verwenden, mit dem etwaige Holzverkleidungen im Badezimmer bemalt sind. In diesem Fall müssen Sie zuerst grundieren und dann zwei Schichten Hochglanzfarbe auftragen.

Trocknen und Wandmontage

Das Mosaik sollte einige Tage möglichst flach liegend trocknen, bevor es über dem Waschbecken montiert wird.

Farbvarianten

Die kühlen, gedämpften Farben matter Keramikfliesen sind nur eine Möglichkeit der Gestaltung des Spritzschutzes. Sie können auch Farben wählen, die Ihr Badezimmer ergänzen und übriggebliebene Fliesen mitverarbeiten.

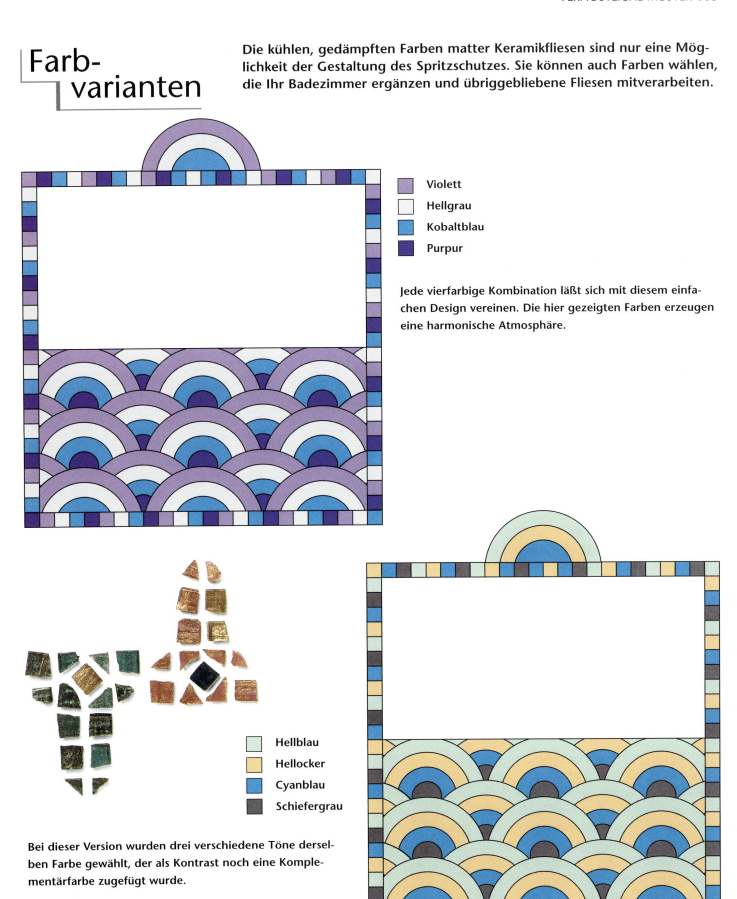

- Violett
- Hellgrau
- Kobaltblau
- Purpur

Jede vierfarbige Kombination läßt sich mit diesem einfachen Design vereinen. Die hier gezeigten Farben erzeugen eine harmonische Atmosphäre.

- Hellblau
- Hellocker
- Cyanblau
- Schiefergrau

Bei dieser Version wurden drei verschiedene Töne derselben Farbe gewählt, der als Kontrast noch eine Komplementärfarbe zugefügt wurde.

104 MOSAIKARBEITEN

Mit der Jahrhundertwende und dem Aufkommen des Jugendstils wurde das Mosaik als Teil eines neu erweckten Interesses an den dekorativen Künsten wiederentdeckt. Man begann, verschiedene Ausdrucksmöglichkeiten auszuprobieren. Das Mosaik war nicht länger ausschließlich repräsentativen Zwecken vorbehalten und wurde zur reinen Dekoration verwendet, die auch abstrakte Muster und stilisierte Formen zuließ.

MODERNE MUSTER

Antoni Gaudí (1852–1926), einer der außergewöhnlichsten Architekten des 20. Jh.s, war Wegbereiter für moderne Mosaiken im Außenbereich. Er erzielte unglaubliche Effekte durch das Bedecken ganzer Flächen und Fassaden mit Keramikscherben, bunten Steinen, Glas, glasierten Fliesen sowie Marmor und ebnete so den Weg für Mosaiken an dreidimensionalen Objekten und Skulpturen. Den Park Güell in Barcelona verwandelte er in eine seiner phantastischsten Kreationen, in der Säulengänge, Springbrunnen, Arkaden und eine lange, wellenförmige Parkbank mit einer verwirrenden Menge von bunten Keramikfliesen und zerbrochenen Tellern bedeckt wurden. Auch Dächer und Gebäude in Barcelona wurden so dekoriert und reflektieren das Licht und Funkeln des Sonnenscheins. Ein anderer bekannter Mosaikkünstler jener Zeit war Gustav Klimt. Seine Zeichnung „Erfüllung" wurde später auf den Wänden des Palais Stoclet in Brüssel angebracht – ein langer Fries aus Halbedelsteinen, Emaille und anderen edlen Materialien. Viele von Klimts Malereien haben einen mosaikhaften Stil, der sich in verwirrenden Farbquadraten und edelsteinähnlichen Hintergrundfarben, die dekorative Figuren umrahmen, äußert. Später übernahmen auch andere Vertreter der bildenden Künste, wie Marc Chagall und Oskar Kokoschka das Mosaik, obgleich es

„Erfüllung" von Gustav Klimt (1862–1918) war die Vorlage zum Stoclet-Fries. Er verwendete verschiedene Techniken und kombinierte realistische Ausschnitte mit stilisierten Mustern.

Antoni Gaudí setzte an die Natur angelehnte Formen ein und bedeckte sie mit Keramikmosaiken, wie hier das Dach des Pförtnerhauses im Park Güell in Barcelona.

MODERNE MUSTER

sich hierbei eher um Übungen mit anderen Materialien, als um die Ausschöpfung des Mosaiks in seiner ganzen Vielfalt handelte.

Die Mosaikherstellung wurde in der Zeit der Kriegsjahre vernachlässigt, tauchte dann aber als eher fades Element der Architektur während der 50er und 60er Jahre bei wenig interessanten Fußgängerzonen oder Schwimmbädern wieder auf. Dennoch verschwand das Mosaik nie ganz und wurde durch namhafte moderne Künstler wie Niki de Saint Phalle (Il Giardino dei Tarocchi, Toskana), Raymond Edouard Isidore (La Maison Picassiette, Chartres) und Nek Chand (Steingarten von Chandigarh, Indien) weiterentwickelt, deren phantasievolle Mosaiken von einer Vielzahl an Materialien, Bruchstücken aller Art, Glas und Porzellan leben.

Heutzutage werden Tesserae industriell hergestellt, und viele interessante Materialien sind leicht verfügbar geworden. Die Künstler fühlen sich wieder herausgefordert, optisch ansprechender zu arbeiten. Sie sind zudem nicht mehr an bestimmte Vorgaben gebunden – alles ist möglich. Da Mosaiken nicht mehr nur repräsentativen Zwecken dienen, genießt heute der Künstler völlige Freiheit in der Gestaltung. Öffentliche Mosaik-Kunstwerke sind inzwischen kein ungewohnter Anblick mehr. Zum Beispiel ist die U-Bahnstation Tottenham Court Road in London über und über mit Mosaiken aus Smalten, Glastesserae und Keramik besetzt und zeigt Bilder musikalischen und technischen Inhalts. Tagtäglich erfreuen sich Tausende von müden Pendlern daran.

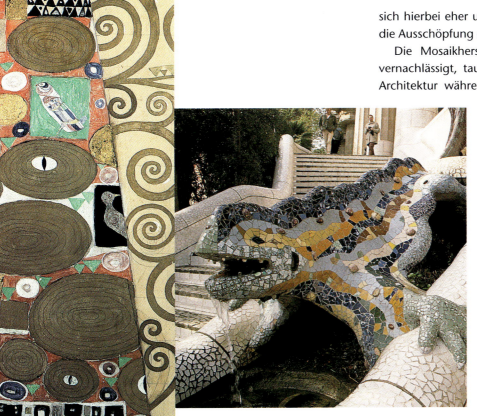

Diese Eidechse ist nur eines der vielen beeindruckenden Mosaike Gaudís, die sich im Park Güell in Barcelona befinden.

Der belgische Architekt Victor Horta (1861–1947) integrierte Mosaiken in seine gestalterische Arbeit an eleganten Jugendstil-Innenräumen, wie hier beim Fußboden im Van-Eetuelde-Haus in Brüssel.

Themen
Figuren, moderne Kunst, Architektur, Volkskunst

Designs
Abstrakte Muster und Formen, helle Farben

Materialien
Zerbrochene Teller, glasierte Fliesen, Smalten, Spiegel, Perlen, Flaschenverschlüsse

Objekte
Möbel, Schmuck, Springbrunnen, Bänke, Kamine

Orte
BARCELONA
Park Güell, Finca Güell, Casa Battló, Casa Mila, Sagrada Familia—Antoni Gaudí

INDIEN
Steingarten, Chandigarh—Nek Chand

NIZZA
Fakultät der Rechtswissenschaft, Universität—Marc Chagall

LONDON
Tottenham Court Road U-Bahnstation—Eduardo Paolozzi

NEW YORK
William O'Grady High School, Coney Island—Ben Shahn

MODERNE MUSTER **107**

Diese hellen, modernen Kerzenhalter eignen sich hervorragend als Einstiegsprojekt. Sie haben eine handliche Größe, die sich für die Verwertung zerbrochener Fliesen, alten Porzellans oder jeglichen Materials, das Sie zufällig bei sich finden, anbietet. Wenn Sie den Kerzenhaltern noch einige glänzende Tesserae hinzufügen, wirken sie besonders gut bei gedämpftem Licht.

Goldene Kerzenhalter

Materialien
runde Holzteile oder vorgefertigte Kerzenhalter
Weißleim oder Spezial- bzw. Dispersionskleber
bunte Keramikfliesen
Fliesenkleber
weißes Mörtelpulver
Goldfarbe

Ausrüstung
Sandpapier
Staubmaske und Schutzbrille
Fliesenschneider
Kneifzange
Spachtel
Eimer
Schwamm und Lappen
Künstlerpinsel

Steve Wright und Donald Jones

Die Kerzenhalter vorbereiten
Zuerst sollten Sie den geeigneten Kerzenhalter finden. Hier wurde der Ständer extra auf einer Drehbank angefertigt. Sie können aber auch auf jedem anderen, einfachen Kerzenhalter arbeiten, der keine Vertiefungen, Wölbungen oder Grate besitzt. Schmirgeln Sie nun mit grobem Sandpapier Lack- oder Farbreste ab und tragen dann mit einem Flachpinsel in Wasser gelösten Weißleim oder Spezialkleber (ein Teil Kleber auf vier Teile Wasser) auf, den Sie vollständig trocknen lassen.

Die Tesserae schneiden
Brechen Sie Keramikfliesen in verschiedenen Farben und Mustern zurecht. Die Stücke sollten relativ klein sein, da sie der Rundung des Ständers angepaßt werden müssen. Aber keine Angst, die exakten Formen werden erst später zurechtgeknipst. Mischen Sie jetzt alle Tesserae in einem großen Haufen zusammen.

Die Tesserae aufkleben
Die Tesserae wählen Sie nun willkürlich aus dem Haufen aus und knipsen erst danach die Kanten in die erforderliche Form. Tragen Sie einen kleinen Tropfen Fliesenkleber auf die Rückseite auf und pressen die Tesserae dann fest auf das Holz. Beginnen Sie oben und arbeiten Sie sich langsam Abschnitt für Abschnitt nach unten vor, so können Sie den Ständer während der Arbeit festhalten. Sobald alle Tesserae verklebt sind, lassen Sie den Kerzenhalter über Nacht trocknen.

Die Kerzenhalter verfugen
Mischen Sie Mörtel in einem Eimer an. Weißer Mörtel eignet sich besonders gut, ist aber nicht entscheidend, da die Fugen ohnehin später bemalt werden. Tragen Sie den Mörtel kraftvoll mit einem Spachtel auf und drücken ihn fest in die Zwischenräume. Glätten Sie anschließend rauhe Kanten an den Rundungen. Überflüssigen Mörtel wischen Sie mit einem feuchten Schwamm ab und polieren, sobald der Mörtel genügend getrocknet ist, mit einem trockenen Tuch nach. Bevor Sie mit der Arbeit fortfahren, lassen Sie den Kerzenhalter wenigstens zwei Tage gut trocknen.

108 MOSAIKARBEITEN

Endanstrich mit Goldfarbe
Übermalen Sie den Mörtel mit einem feinen Pinsel und glänzender Goldfarbe (siehe Tip).

TIP Den letzten Schliff erhalten die Kerzenhalter durch den Anstrich des Mörtels mit glänzender Goldfarbe. Tragen Sie diese mit einem feinen Künstlerpinsel auf die Fugen zwischen den Tesserae auf. Mit einem feuchten Tuch können unerwünschte Farbtropfen leicht abgewischt werden. Bevor Sie die Kerzenhalter schließlich benutzen, muß die Farbe völlig getrocknet sein. Sollten Sie eine andere Farbzusammenstellung für Ihren Raum bevorzugen, so sind Silber- oder jede andere Metallfarbe gleichermaßen effektvoll.

Schablone

Legende

- Eine Mischung von vielfarbigen Tonstücken und gemusterten Fliesen
- Leuchtender, goldbemalter Mörtel

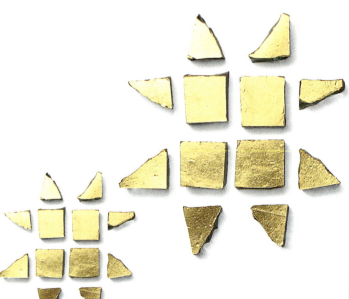

Farbvarianten

Hier können Sie Ihre Experimentierfreude ausleben – es gibt weder spezielle Vorgaben noch einzuhaltende Muster für dieses Projekt, so daß Sie sowohl eine der hier gezeigten Farbzusammenstellungen verwenden als auch Ihren eigenen Vorstellungen freien Lauf lassen können.

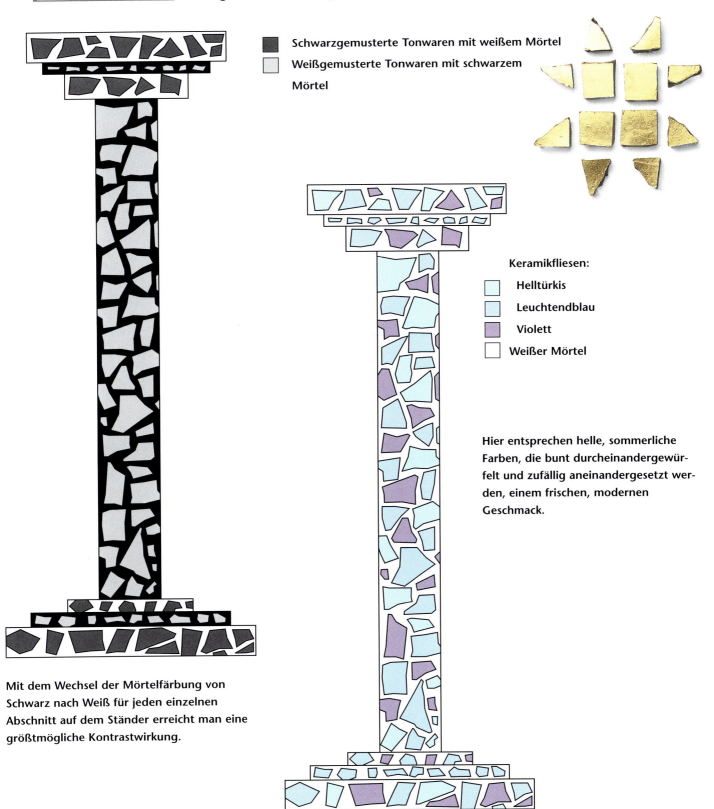

■ Schwarzgemusterte Tonwaren mit weißem Mörtel
□ Weißgemusterte Tonwaren mit schwarzem Mörtel

Keramikfliesen:
- Helltürkis
- Leuchtendblau
- Violett
- Weißer Mörtel

Hier entsprechen helle, sommerliche Farben, die bunt durcheinandergewürfelt und zufällig aneinandergesetzt werden, einem frischen, modernen Geschmack.

Mit dem Wechsel der Mörtelfärbung von Schwarz nach Weiß für jeden einzelnen Abschnitt auf dem Ständer erreicht man eine größtmögliche Kontrastwirkung.

Blaues Wandbild

Dieses Mosaik ist von einem Gemälde von Susan Goldblatt abgeleitet. Es scheint den Betrachter tief in die komplexen, fließenden Rhythmen der Tesserae hineinzuziehen und vermittelt ein Gefühl von Bewegung und Wasser.

Susan Goldblatt

MODERNE MUSTER

Materialien
Preßspanplatte
Weißleim oder Spezial- bzw. Dispersionskleber
Bleistift und Markierstift
kräftiges Packpapier
Tapetenkleister
Glastesserae
Fixativ auf Zementbasis
feinkörniger Mörtel
zusätzliches Haltebrett

Ausrüstung
Staubmaske und Schutzbrille
Kneifzange
Gummihandschuhe
Eimer
Flachpinsel
Schwamm
Maurerkelle, gezahnt
flache Maurerkelle

Zu Beginn
Für dieses Projekt benötigen Sie zwei Bretter: eines als Untergrund für das Mosaik, das andere als Unterlage für das Packpapier, wenn Sie die Tesserae darauf festkleben. Dieses Brett sollte einige Zentimeter größer sein als das für die Rückwand des Mosaiks.

Den Untergrund vorbereiten
Ritzen Sie die gesamte Holzoberfläche mit einem Schneidemesser ein, bis ein tiefes Zickzackmuster entsteht. Dies gibt dem Kleber später besseren Halt. Nun versiegeln Sie die Oberfläche des Holzes mit einer Lösung aus Weißleim oder Spezialkleber und Wasser (ein Teil Kleber zu vier Teilen Wasser) und lassen alles gut durchtrocknen.

Das Motiv übertragen
Legen Sie braunes Packpapier aus. Vergessen Sie nicht, daß Sie mit der indirekten Methode arbeiten und die Umrisse somit das Negativ des Originalmotivs darstellen. Daher sollten Sie zwei Versionen des Motivs haben, eine im Original und eine spiegelverkehrt, auf die Sie sich beim Aufkleben der Tesserae stützen können. Übertragen Sie nun das spiegelverkehrte Motiv mit einem Bleistift auf das Packpapier und heben die Umrisse deutlich hervor. Tragen Sie gleichzeitig die numerierten Farben in die dafür vorgesehen Felder ein.

TIP Um das Design auf Papier zu übertragen, ohne es abzupausen, zeichnen Sie zwei Raster: Eines auf die Schablone, so daß diese in quadratische Abschnitte aufgeteilt ist, und ein größeres Raster mit der gleichen Anzahl von Quadraten auf das Packpapier. Nun kopieren Sie so genau wie möglich jedes Quadrat einzeln von der Schablone. Diese Methode wird Ihrer Arbeit eine persönlichere Note verleihen und ist nicht so sehr eine exakte Kopie der Vorlage.

Die Tesserae auf das Papier kleben
Mit einer Kneifzange knipsen Sie die Tesserae in die erforderlichen Größen, tragen dann auf der flachen Seite der Tesserae mit einem Pinsel sehr wenig Kleister auf und kleben diese auf das Packpapier. Hierfür mischen Sie einen gut haftenden

Schablone

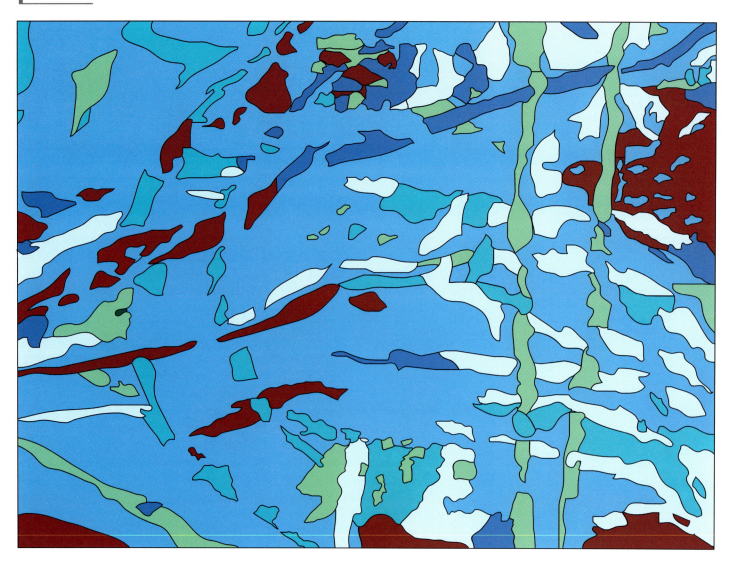

Tapetenkleister an. Gehen Sie systematisch vor und verlegen Sie stets nur eine Farbe. Das Spiegelbild des Motivs hilft Ihnen, sich zurechtzufinden. Bei diesem Projekt ist es nicht nötig, das Papier in Abschnitte aufzuteilen.

Auf den Untergrund übertragen
Sobald alle Tesserae verklebt wurden, bereiten Sie den Untergrund mit einem Fixativ auf Zementbasis für die Einbettung vor. Mit einer gezahnten Maurerkelle verteilen Sie den Kleber gleichmäßig. Nun wenden Sie die Platte, hierfür werden Sie wohl Hilfe brauchen, da die Platte durch den feuchten Zement sehr schwer ist. Positionieren Sie die Platte jetzt direkt auf dem Mosaik und pressen sie dann sehr kräftig herunter. Drehen Sie anschließend beide Platten gemeinsam um und heben das obere, lose Brett ab, so daß Sie nur noch das Mosaik auf dem Untergrund vor sich haben. Mit einer flachen Maurerkelle glätten Sie nun die Oberfläche.

Mit Mörtel verfugen
Lassen Sie das Mosaik noch drei bis vier Tage trocknen, bevor Sie das Papier entfernen. Hierfür durchnässen Sie es mit einem Schwamm und ziehen es ab. Hartnäckige Papierreste entfernen Sie durch sanftes Reiben mit einem Schwamm.

Legende
Glastesserae:
- Marineblau
- Dunkeltürkis
- Meergrün
- Grün
- Hellblau
- Purpur
- Kobaltblau

MODERNE MUSTER **113**

Farb-
varianten

Wählen Sie Farbtöne und Farbintensität passend zur Stimmung, die Sie erzeugen möchten. Die zwei hier aufgeführten Variationen zeigen, daß sich je nach Farbzusammenstellung die Atmosphäre vollkommen verändern läßt.

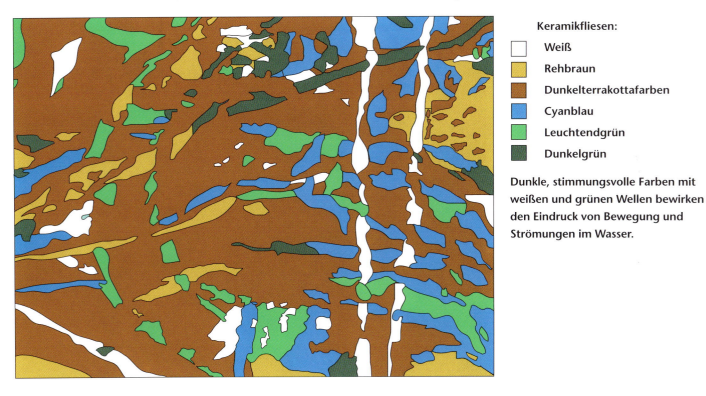

Keramikfliesen:
- ☐ Weiß
- Rehbraun
- Dunkelterrakottafarben
- Cyanblau
- Leuchtendgrün
- Dunkelgrün

Dunkle, stimmungsvolle Farben mit weißen und grünen Wellen bewirken den Eindruck von Bewegung und Strömungen im Wasser.

Keramikfliesen:
- ☐ Weiß
- Cremefarben
- Himmelblau
- Kobaltblau
- Blattgrün
- Dunkelgrün

Sanfte, wäßrige Blautöne, träumerisches Weiß und weiche Cremetöne – diese Version verbindet den Verlauf der kantigen Tesserae mit den ruhigen Farben des Bildes und erzeugt so eine ganz besondere Stimmung.

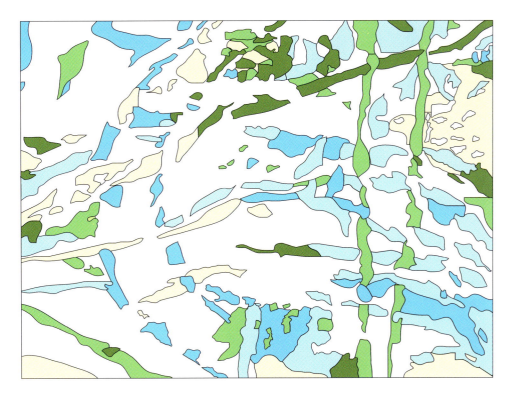

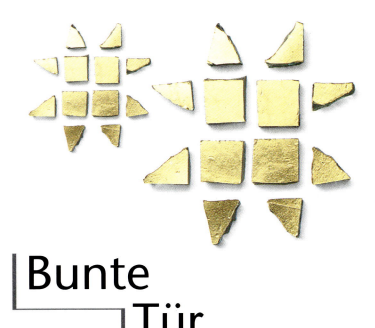

Bunte Tür

Dies ist zwar eine sehr anspruchsvolle Arbeit, aber dafür wird eine mit Mosaiken geschmückte Eingangstür zum krönenden Juwel eines schönen Zuhauses. Dies ist außerdem eine großartige Möglichkeit, einer alten, abgenutzten Tür wieder neuen Glanz zu verleihen. Verspiegelte Türen fangen viel Sonnenlicht ein und füllen so einen Raum mit einem beeindruckenden Lichtspiel.

Materialien
Spiegel
Keramikfliesen
Porzellanscherben
Fliesenkleber
Krepp-Klebeband
Lackfarbe
Weißleim oder Spezial- bzw. Dispersionskleber

Ausrüstung
Glasschneider
Fliesenschneider
Kneifzange
Staubmaske und Schutzbrille
Maurerkelle
Eimer
Verfuger
Schwamm und Lappen
Flachpinsel

TIP Zu Vorbereitung der Türoberfläche müssen Sie zunächst alte Farbe oder Lack abschmirgeln. Dies kann natürlich mit Sandpapier geschehen, aber für größere Flächen lohnt es sich, eine elektrische Schleifmaschine auszuleihen. Möbel in unmittelbarer Nähe müssen währenddessen abgedeckt sein. Öffnen Sie die Fenster, bevor Sie beginnen, und tragen Sie stets eine Staubmaske und Schutzbrille. Bei der Arbeit an Türgriffen und -angeln ist Vorsicht geboten; alle schwer zugänglichen Vertiefungen müssen mit Sandpapier abgeschliffen werden.

Die Oberfläche reinigen
Um die Tür vorzubereiten, schmirgeln Sie zunächst die Oberfläche ab. Am besten geht das mit einer elektrischen Schleifmaschine. Nachdem Sie den Staub entfernt haben, tragen Sie eine Lösung von Weißleim oder Spezialkleber und Wasser (im Verhältnis ein Teil Kleber zu vier Teilen Wasser) auf den Flächen auf, die Sie nun gut durchtrocknen lassen.

Die Paneele gestalten
Brechen Sie mit Fliesenschneider und Kneifzange zunächst eine Auswahl an farbigen und gemusterten Keramikfliesen, Porzellanscherben und weißer Keramik. Mischen Sie alle Teile auf einem Haufen zusammen, so daß sie willkürlich ausgewählt werden können. Knipsen Sie die Tesserae nun in die erforderliche Form und kleben sie dann mit Fliesenkleber auf der Tür auf. Die Stücke können trocknen, während Sie bereits an einer anderen Stelle des Mosaiks weiterarbeiten.

Spiegelstücke hinzufügen
Brechen Sie die Spiegelteile zuerst in handliche Stücke, bevor Sie sie zu kleineren Tesserae weiterverarbeiten. Tragen Sie stets eine Staubmaske und Schutzbrille und verlegen Sie das Schneiden möglichst

Steve Wright assistiert von Marilyn Mansell

116 MOSAIKARBEITEN

nach draußen. Kleben Sie die Spiegeltesserae nun mit Fliesenkleber auf die Tür. Beginnen Sie am äußeren Rand, wobei Stücke mit geraden Kanten an den Rändern der Tür verlegt und kleinere Tesserae für den Türgriff verwendet werden.

Das Mosaik verfugen

Mischen Sie weißen Mörtel in einem Eimer an und tragen Sie ihn mit einer Maurerkelle auf das Mosaik auf. Arbeiten Sie vorsichtig bei den verspiegelten Abschnitten. Mörtelreste werden mit dem Verfuger entfernt. Arbeiten Sie abschnittsweise und beginnen Sie mit den Keramikmosaik-Paneelen. Sollte Ihnen hierbei Mörtel in die Rillen des Rahmens geraten, müssen Sie diesen sofort mit einem feuchten Schwamm abwischen. Sobald der Mörtel trocken ist, polieren Sie das Mosaik mit einem trocknen Lappen nach.

Die übrigen Flächen bemalen

Bevor Sie mit dem Anstrich beginnen, muß der Mörtel völlig trocken sein. Bedecken Sie dann das Mosaik mit Zeitungspapier und kleben Sie die Ränder mit Klebeband fest. Streichen Sie das Holz nun mit Glanz- oder Mattlack. Halten Sie bis zur völligen Trocknung die Tür unbedingt offen.

Schablone

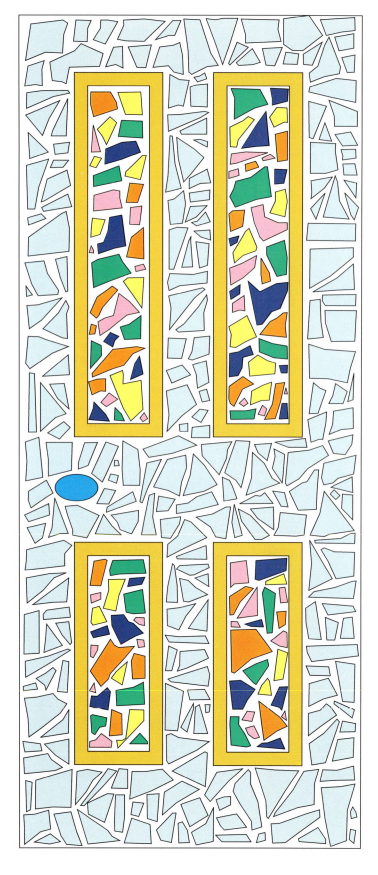

Legende

- Bunte und gemusterte Tonwaren
- Spiegelglas
- Weiße Keramik
- Weißer Mörtel
- Hellockerfarben bemalter Türrahmen
- Türkisfarben bemalter Türgriff

MODERNE MUSTER **117**

Farb-
varianten

Die Farben für ein so großes Projekt hängen sehr stark von der Umgebung ab. Sie können die Farben dem Raum anpassen oder auch etwas ganz Ausgefallenes kreieren, das beim Betrachter einen dauerhaften Eindruck hinterläßt.

- Spiegelglas mit weißem Mörtel
- Blaue und weiße Weidenmusterkeramik
- Ultramarinblau bemalter Holzrahmen
- Schwarzer Mörtel
- Weißer Glanzanstrich des Türgriffs

Der helle Anstrich des Holzrahmens gibt dieser phantasievollen Auswahl von buntem Porzellan und zerbrochenen Fliesen den letzten Schliff.

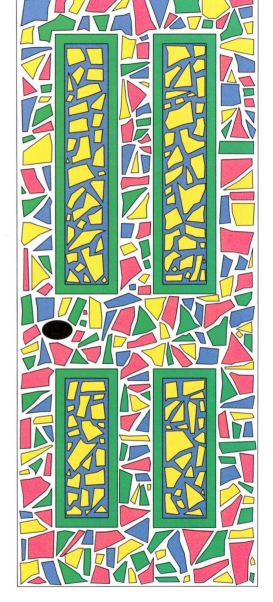

Hier wurde ein sehr dramatisches Ergebnis durch schwarzen Mörtel und zart gemusterte Fliesen erzielt. Den starken Kontrast dazu liefert der weiße Mörtel der Spiegelscherben in den Paneelen.

Keramikfliesen:
- Gelb
- Grün
- Himmelblau
- Rosa
- Grün bemalter Holzrahmen
- Hellblauer Mörtel
- Weißer Mörtel
- Schwarzer Glanzanstrich des Türgriffs

Wer in diesem Raum steht, glaubt in eine Glitzerwelt entführt worden zu sein. Alle Flächen dieses Badezimmers sind mit unzähligen Spiegeltesserae übersät. Wenn Sie die Tür hinter sich schließen, werden die Spiegelungen in alle Richtungen bis in die Unendlichkeit zurückgeworfen.

Spiegelbadezimmer

Materialien
Spiegelscherben
Spachtelmasse
Weißleim oder Spezial- bzw. Dispersionkleber
Fliesenkleber
Mörtel

Ausrüstung
Glasschneider
Staubmaske und Schutzbrille
Maurerkelle
Eimer
Verfuger
Gummihandschuhe
feines Sandpapier
Schwamm und Tuch

Fran Soler

Den Untergrund vorbereiten
Ein Projekt dieser Größenordnung erfordert eine intensive Planungsphase und viel Zeit, besonders wenn Sie alle Oberflächen mit Mosaiken bedecken möchten. Die Wände, die Decke und andere Flächen müssen vor allem stabil genug sein, um das Gewicht eines Mosaiks tragen zu können. Die Oberflächen müssen nicht nur sauber und staubfrei sein, auch etwaige Feuchtigkeitsschäden müssen vollständig beseitigt sein, bevor Sie eine Grundierung von gelöstem Weißleim oder Spezialkleber in Wasser (im Verhältnis ein Teil Kleber zu einem Teil Wasser) auftragen. Bei unserem Beispiel haben Handwerker die Wände und die Decke vorbereitet und wasserfest verleimte Preßspanplatten als Arbeitsuntergrund angebracht. Üblicher sind allerdings Gipskartonplatten.

Die Spiegeltesserae schneiden
Zeichnen Sie einen Grundriß des gesamten Raumes und messen Sie die Oberfläche des Mosaiks aus, um einen Überblick über das benötigte Spiegelmaterial zu bekommen. Nun schneiden Sie möglichst viele Tesserae, die Sie nach Größe und Form in mehrere Eimer sortieren. Das Zerteilen von Spiegel erfordert Sicherheitsvorkehrungen – siehe Tip.

TIP Gehen Sie nach draußen oder in einen sehr gut belüfteten Raum, wenn Sie die Spiegeltesserae schneiden. Tragen Sie stets eine Staubmaske und eine Schutzbrille, wenn Sie mit der groben Zerteilung des Spiegels in handliche Scherben beginnen und diese später zu kleinen Tesserae weiterverarbeiten. Glasscherben sind sehr gefährlich, teilweise kaum sichtbar, und splittern in den unberechenbarsten Winkeln ab. Tragen Sie deshalb auch immer Arbeitshandschuhe.

Mit der Decke beginnen
Beginnen Sie mit der direkten Methode entlang des Deckenrandes. Vergewissern Sie sich stets, daß die mit Fliesenkleber befestigten Spiegeltesserae auch wirklich fest anhaften. Zuerst verlegen Sie größere Spiegelteile, deren Zwischenräume Sie später mit kleineren auffüllen. Achten Sie beim Verlegen um Lichtschalter oder Ventilatoren herum auf hervorstehende Kanten. Vor dem Verfugen muß das Mosaik

Schablone

Legende

 Spiegelglas

☐ Weißer Mörtel

Diese Schablone ist eher eine Anleitung als eine Vorlage. Wenn Sie mit bunten Keramikfliesen arbeiten, sollten Sie versuchen, zwischen Farben und Tesseraegrößen stets eine Ausgewogenheit beizubehalten und sehr auffällige Stücke gleichmäßig auf den Flächen zu verstreuen.

völlig getrocknet sein, arbeiten Sie deshalb an anderer Stelle weiter. Da das Arbeiten an der Decke sehr langwierig und anstrengend ist – besonders für die Arme und das Genick –, sollten Sie sich genügend Zeit für diesen Arbeitsgang nehmen.

Mit den Wänden fortfahren
Bei der Arbeit an Wänden beginnen Sie ganz oben, verlegen dann die erste Reihe entlang der Wand und fahren in derselben Weise bis nach unten hin fort. Möglicherweise möchten Sie irgendwo an der Wand einen „richtigen" Spiegel einsetzen, etwa über dem Waschbecken oder an der Dusche – dies sollte vor dem Verlegen des Mosaiks geschehen. Sämtliche Befestigungen sollten vorher angebracht werden.

Die Tür vervollständigen
Schleifen Sie Farbe oder Lack von der Tür ab und füllen Sie Risse mit Spachtelmasse aus, damit die Oberfläche so glatt wie möglich ist. Grundieren Sie die Tür wie beschrieben mit einer Lösung von Kleber und Wasser. Achten Sie beim Verlegen darauf, daß sich die Tür auch weiterhin problemlos öffnen und schließen läßt.

Den Raum verfugen
Für sehr große Arbeiten verwendet man besser vorgefärbten Mörtel, es ist schwierig, mehrmals exakt gleichfarbigen Mörtel selbst anzumischen. Beginnen Sie dort mit dem Verfugen, wo Sie auch mit dem Verlegen des Mosaiks begonnen haben. Tragen Sie den Mörtel vorsichtig mit einer Maurerkelle auf, da der Spiegel leicht zerkratzt. Mit einem Verfuger entfernen Sie überschüssiges Material. Nach einer Weile werden Sie vermutlich feststellen, daß die scharfen Spiegelkanten das Gummi des Verfugers beschädigen und kleine Gummifetzen auf den Tesserae hinterlassen. Entfernen Sie diese mit einem feuchten Schwamm und polieren Sie mit einem fusselfreien Tuch nach dem Trocknen nach.

Scharfe Kanten glätten
Das Verfugen muß sehr präzise sein, damit der Raum gleichmäßig wird. Überzeugen Sie sich davon, daß alle Ecken völlig abgerundet und somit ungefährlich sind. Sollten scharfe Kanten verblieben sein, schleifen Sie diese vorsichtig mit Sandpapier ab. Für Fußböden ist Spiegelglas nicht geeignet.

MODERNE MUSTER **121**

Farb-
varianten

Da Sie in Ihrem privaten Badezimmer so ausschweifend sein können, wie Sie möchten, sollten Sie Farben auswählen, die der gewünschten Stimmung entsprechen, z. B. warme Rot- und Pinktöne, oder kühle Blau- und kalte Weißtöne. Was auch immer Sie bevorzugen – alles ist möglich!

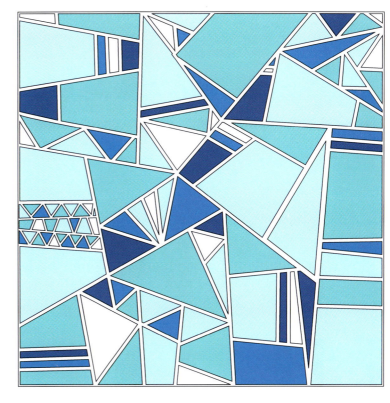

Keramikfliesen:
- Hellockerfarben
- Terrakottafarben
- Orange
- Hellrosa
- Kobaltblau
- Dunkler terrakottafarbener Mörtel

Eine Zusammenstellung verschiedener blauer und meergrüner Farbtöne und der Verzicht auf Spiegelfliesen erzeugen ein kühle Unterwasser-Atmosphäre.

Keramikfliesen:
- Weiß
- Himmelblau
- Türkis
- Kobaltblau
- Marineblau
- Weißer Mörtel

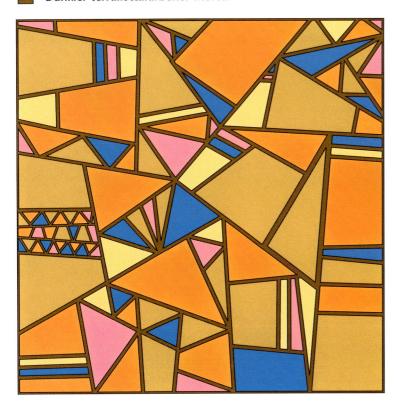

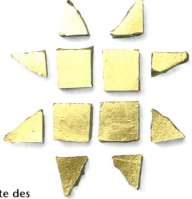

Auf der anderen Seite des Farbenspektrums ist diese Variante mit ihren kräftigen, leuchtenden Farben angesiedelt und schafft so eine eher warme, einladende Atmosphäre.

MODERNE MUSTER **123**

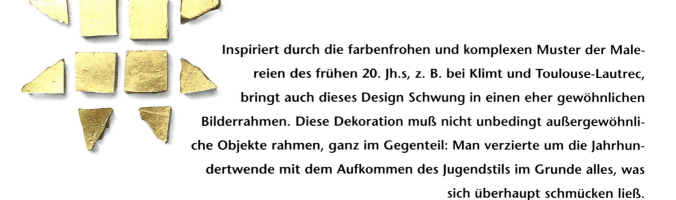

Inspiriert durch die farbenfrohen und komplexen Muster der Malereien des frühen 20. Jh.s, z. B. bei Klimt und Toulouse-Lautrec, bringt auch dieses Design Schwung in einen eher gewöhnlichen Bilderrahmen. Diese Dekoration muß nicht unbedingt außergewöhnliche Objekte rahmen, ganz im Gegenteil: Man verzierte um die Jahrhundertwende mit dem Aufkommen des Jugendstils im Grunde alles, was sich überhaupt schmücken ließ.

Jugendstil- Bilderrahmen

Materialien
Spachtelmasse
Sandpapier
Markierstift
Weißleim oder Spezial- bzw. Dispersionskleber
Goldsmalten
Glastesserae
Zahnstocher
Mörtel
Goldfarbe

Ausrüstung
Staubmaske und Schutzbrille
Fliesenschneider
Kneifzange
Flachpinsel
Verfuger
Spachtel
Eimer
Schwamm
trockenes Tuch

Den Bilderrahmen vorbereiten

Wählen Sie einen Bilderrahmen, der eine einfache glatte Oberfläche hat. Entfernen Sie zunächst das Glas und die Rahmenrückwand. Mit grobem Sandpapier rauhen Sie dann die Oberfläche auf und entfernen so auch unerwünschten Lack, bevor Sie eine Grundierung von gelöstem Leim und Wasser (im Verhältnis ein Teil Kleber auf vier Teile Wasser) mit einem Flachpinsel aufbringen. Nach einer angemessenen Trocknungszeit füllen Sie Rillen oder Intarsien mit Spachtelmasse aus und glätten die gesamte Oberfläche mit einem Verfuger. Sobald die Spachtelmasse getrocknet ist, tragen Sie eine weitere Schicht des gelösten Klebers auf und lassen ihn trocknen.

Das Design auf den Rahmen übertragen

Passen Sie das Design der Form und Größe Ihres Rahmens an. Übertragen Sie das Motiv auf den Rahmen und heben Sie die Umrisse mit einem Markierstift hervor. Sollte der Rahmen sehr klein sein, kann man das Motiv auch etwas vereinfachen, denn je kleinteiliger das Design ist, desto schwieriger ist die Umsetzung.

Die Goldwirbel legen

Die Wirbeldetails setzen Sie am besten mit Goldsmalten um, die Sie mit der Kneifzange in exakte Form und Größe bringen und sie dann mit ein wenig Spezialkleber befestigen. Mit einem Zahnstocher oder einem anderen spitzen Werkzeug stellen Sie gleichmäßige Abstände zwischen den Tesserae her. Erst wenn Sie die Goldwirbel vollständig gelegt haben, sollten Sie mit der Arbeit an den bunten Tesserae des Hintergrundes fortfahren.

Fran Soler

Schablone

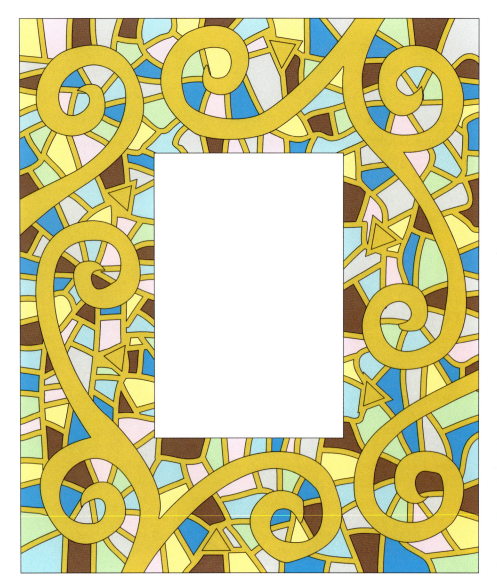

Legende
Glastesserae:
- Blau
- Hellrosa
- Rehbraun
- Goldgeädertes Blau
- Hellgrün
- Meergrün
- Goldgeädertes Grün
- Hellrehbraun
- Hellgrau
- Braun
- Rosa
- Grauschwarz
- Goldsmalten
- **Goldbemalter Mörtel**

Den Mörtel aufbringen und das Mosaik glätten

Sobald alle Tesserae festgeklebt sind, lassen Sie den Rahmen gut durchtrocknen. Erst dann wird – in diesem Fall – feiner weißer Mörtel aufgetragen. Mit einem Spachtel verteilen Sie den Mörtel vorsichtig und glätten mit einem Verfuger nach. Achten Sie darauf, daß auch die Kanten glatt sind. Überflüssiger Mörtel wird mit einem feuchten Lappen entfernt. Erst nachdem die Oberfläche getrocknet ist, polieren Sie die Arbeit mit einem fusselfreien Tuch nach.

Die Goldfarbe aufbringen und den Rahmen zusammensetzen

Nach einer Erhärtungszeit von einigen Tagen können der Mörtel und der Rand des Rahmens mit Goldfarbe bemalt werden. Die Farbe muß vollkommen trocken sein, bevor Sie das Glas und den Rahmenrücken wieder einsetzen.

TIP Beim Arbeiten mit sehr kleinen Tesserae kann es mitunter frustrierend sein, diese exakt einzupassen. Mit Zahnstochern (oder anderen feinen, spitzen Werkzeugen) kann man die Tesserae sanft an die richtige Stelle schieben. Zahnstocher sind auch bei anderen schwierigen Arbeiten unentbehrlich, besonders, wenn genaue Abstände zwischen den Tesserae eingehalten werden sollen.

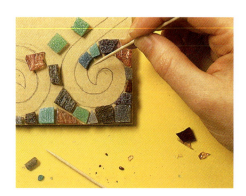

MODERNE MUSTER **125**

Farb-
varianten

Sie bevorzugen Wirbel aus funkelnden Tesserae im Kontrast zu einem zarten Hintergrund oder eine Kreation aus ähnlichen Farben? Wählen Sie die Tesserae nach Ihrem Geschmack zu Ihrem Lieblingsbild passend.

- Spiegelglas
- Verschiedene Töne blauer Keramik, darunter kobaltblaue, mittelblaue, dunkeltürkisfarbene, himmelblaue, nachtblaue und marineblaue
- Schwarzer Mörtel

- Verschiedene warme Töne farbiger Keramik, darunter orangefarbene, gelbe, ockerfarbene und kürbisfarbene
- Rotes Glas
- Weißer Mörtel

Diese auffällige Variante setzt die Wirbelmotive aus Spiegelglas in Kontrast zu dem strahlend blauen Hintergrund und wirkt so völlig anders.

Mit Wirbelmotiven aus schimmerndem Buntglas und einer fröhlichen Keramikmischung aus leuchtenden Orange- und Gelbtönen für den Hintergrund erzeugen Sie ein sehr klares Muster.

REGISTER

(M) = Mosaikarbeit
Kursive Zahlen verweisen auf Abbildungen von Kunstwerken.
Illustrationen zur Arbeitsweise befinden sich auf den meisten Seiten und wurden deshalb nicht einzeln aufgeführt.

A

Abschnitte, Design einteilen in 39, 47, 62
Albegna, Apsismosaik 37
Aluminiumfolie 51
Andamento 21
Arbeitsbereich
　außen 16
　innen 16
Ausrüstung 14 ff, 26
Außenraummosaiken 11, 19

B

Badezimmer (M) 118 ff
Baptisterium der Orthodoxen (Ravenna) 37
Barcelona 6, 104, 105
Beleuchtung 16
Belüftung 16
Benson, Vanessa 47
Bilderrahmen, Jugendstil (M) 122 ff
Blumenkasten, mexikanischer (M) 68 ff
Brüssel 104, 105
Buddhismus 86 f

C

Chagall, Marc 104, 105
Chand, Nek 105
Chandigarh 105
China 6, 86 f
Christus, Abbildungen 37, 72
Cordoba 73

D

Danson, John 101
Decken
　Badezimmerdecke 119 f
　Marmordecke (M) 46 ff

E

El Djem (Tunesien) 7, 36
Epoxidharz 13
„Erfüllung", Gustav Klimt 104

F

Farbe 51, 102, 108, 116, 124
　zum Einfärben von Mörtel 24, 66, 101
Farbspektrum 22 ff
Felsendom (Jerusalem) 73
Fernöstlicher Stil 86 f, 88 ff
Fliesen 11, 19, 55, 65, 86
Fliesenschneider 14, 26
Formen schneiden 27, 29, 97
Foss, Claire 97
Fugen 21
→ siehe auch Mörtel/Mörtelbettung
Fundobjekte 11, 19, 107
Fußböden 6, 10, 11, 12, 18, 36
　des Arbeitsbereichs 16
　Geometrischer Marmorfußboden (M) 122 ff

G

Galla Placidia, Mausoleum (Ravenna) 7, 36
Gaudí, Antoni 6, 104, 105
Geschichte des Mosaiks 6 f, 36 f, 54 f, 72 f, 86 f, 104 f
Gipskartonplatte 119
Giardino dei Tarocchi (Toskana) 105
Glas 11, 12, 19, 25, 51, 96
→ siehe auch Spiegel; Smalten
Glaspaste 11
Gold 10, 19, 36, 54 f
　Verwendung bei der Arbeit 50 ff, 106 ff, 122 ff
Goldblatt, Susan 39, 79, 111
Gordium (Kleinasien) 36
Griechen, Antike 6, 36
Gummihandschuhe 13, 15, 119

H

Hagia Sophia (Istanbul) 37
Hall, Katy 57
Hammer und Untermeißel 26
Hanson, Richard 83
Haroun Mausoleum (Isfahan) 72
Heilige, Abbildungen 55, 72
Holz
　schmirgeln 115
　sägen 89
　vorbereiten 43, 75, 101
Horta, Victor 105

I

Ideen und Inspirationen 7, 18, 19
Ikonen, religiöse Abbildung 10
Inka-Kunst 55
Isfahan 7, 72, 73
Isidore, Raymon Edouard 105
Islamischer Stil 7, 72 f, 74 ff
Istanbul 37
Italien 36 f

J

Jade 54 f
Japan 86, 87, 101
Jerusalem 73

Jones, Donald 61, 107
Jugendstil 6, 104, 105
Jugendstil-Bilderrahmen (M) 122 ff
Jungfrau von Guadalupe 55
Justinian, Kaiser von Byzanz 37

K

Kästchen
　Byzantinisches Kästchen (M) 50 ff
　Kelimmuster (M) 82 ff
Kahlo, Frida 55
Kaktus-Wandbild (M) 56 ff
Kamin, mexikanischer (M) 60 ff
Kelims 72
　Kelim-Kästchen (M) 82 ff
Keramik 11, 12
Kerzenhalter, goldene (M) 106 ff
Kiesel 6, 36
Kiew 37
Kirche, christliche 36 f
Klassischer Stil 36 f, 38 ff
Kleinasien 6, 36
Kleinstmosaiken 6
Klimt, Gustav 104, 123
Kneifzange 14, 16
Kokoschka, Oskar 104
Konfuzianismus 86
Konstantin IX., Kaiser von Byzanz 37
Konstantinopel 37, 73
Koran 73
Kosten 9, 18 f, 51
Krishna 87
Kunst, aztekische 6, 54 f
Kunst, byzantinische 6, 7, 10, 36 f, 72
Kunst, indische 86, 87, 105
Kunst, Inka 55
Kunst, islamische 7, 72 f
Kunst, Maya 54, 55
Kunst, mexikanische 54 f
Kunst, moderne 7, 104 f
Kunst, römische 7, 21, 36

L

Lahore 86
Leime und Klebstoffe 10, 12, 13
→ siehe auch Mörtel
Lewis, Tipper 97
Libellenvase (M) 96 ff
London 105

M

Mäander 43
Maison Picassiette (Chartres) 105
Mansell, Marylin 115
Marmor 18
　Geometrischer Marmorfußboden (M) 38 ff
　Marmordecke (M) 46 ff

Maya-Kunst 54 f
Mesopotamien 36
Metalluntergrund 12
Mexikanischer Stil 54 f, 56 ff
Mexiko-Stadt 55
Mezquita (Cordoba) 73
Millimeterpapier 20
Moderner Stil 7, 104 f, 106 ff
Mörtel/Mörtelbettung 10, 13, 14, 16, 19, 21
  eingefärbt 24, 66, 70, 101, 108
Mosaiken, Gestaltung
  Ausrüstung 17
  Design übertragen 57, 111
  Farben 22 ff
  Gestaltungsprozeß 18 ff, 28
  Opus 21
Mosaikkunst, architektonische 6 f, 104 f
Mosaikkunst, aztekische 6, 54 f
Mosaikkunst, byzantinische 6, 7, 36 f, 72
Mosaikkunst, Geschichte
→ siehe Geschichte des Mosaiks
Mosaikkunst, religiöse
→ siehe Geschichte des Mosaiks
Mosaikkunst, römische 7, 21, 36
Mosaikkunst, zeitgenössische 6 f, 9, 18, 105
Mosaiktechnik
→ siehe Verlegen der Tesserae
Moschee des Schahs (Isfahan) 7, 73
Murano (Italien) 37
Muster, abstrakte 72, 104
Mythologie 87

N
New York 105
Nizza 105

O
O'Gorman, Juan 55
Opus (Anordnung der Tesserae) 21
Origamipapier 86
Orozco, José Clemente 55

P
Packpapier, gummiert 31 f
Palais Stoclet (Brüssel) 104
Park Güell (Barcelona) 104, 105
Pauspapier 57
Pompeji 6
Preßspan, mittelschwer 12
Puebla (Mexiko) 55

R
Rahmen
  Jugendstil-Bilderrahmen (M) 122 ff
  Spiegelrahmen mit Wellenband (M) 42 ff
Raster 111

Ravenna 7, 36, 37
Reinigen, Werkzeuge zum 14
Religiöse Kunst
→ siehe Geschichte der Mosaiken
Renaissance 6, 37
Rivera, Diego 55
Rundungen, Gestaltung 18

S
Sägen, Holz 89
Saigon-Vase 86
Saint Phalle, Niki de 105
San Francisco Atapec (Puebla) 55
Santa Maria Tonatzintla (Puebla) 55
Sant' Apollinare in Classe (Classis) 37
Sant' Apollinare Nuovo (Ravenna) 6, 37
San Vitale (Ravenna) 37
Schlangenwandbild, aztekisches (M) 64 ff
Schrift als Kunst 73
Schmirgeln 115
Schuhe 15
Schutzbrille 15
Shahn, Ben 105
Shinto 87
Sicherheit 15, 16
Silbersmalten 10, 19
Siqueiros, David Alfaro 55
Sizilien 37
Skizzen 19 f
Skizziertechnik 47
Smalten 10, 19, 24, 25, 36
Soler, Fran 43, 51, 65, 119, 123
Sperrholz 12
Spiegel
  Schneidetechnik 66, 119
  Spiegel in Handform (M) 88 ff
  Spiegelbadezimmer (M) 118 ff
  Verwendung im Projekt 42 ff, 64 ff, 88 ff,
  100 ff, 114 ff, 118 ff
Spritzschutz (M) 100 ff
Staubmaske 15
Stilrichtungen im Design 18
Stiftkästchen, Kelimmuster (M) 82 ff
Struktur 24, 65

T
Taoismus 86
Tapetenkleister 13
Terrakotta 12, 36, 70
Tesserae, Arten von 10 f, 19, 36, 105
Tesserae, Farben 24 f
Tesserae, Lagerung 16
Tesserae schneiden
  Techniken 19, 26 f, 119
  Werkzeuge 14
Tesserae verlegen
  direkte Methode 28 ff
  indirekte Methode 31 ff

Kästchen 83
  kleine Tesserae 124
Textilien 72 f
Theodora, Kaiserin von Byzanz 37
Theoderich, König der Ostgoten 37
Tischplatte, geometrische (M) 74 ff
Tonwaren, Scherben 11
Tottenham Court Road, U-Bahnstation 105
Toulouse-Lautrec, Henri 123
Türen
  Badezimmertür 120
  Bunte Tür (M) 114 ff
Tunesien 7, 36
Türkis 54 f, 65

U
Untergrund
  Arten von 12
  Vorbereitung von 12
Untersetzer, Schmetterlingsmotiv (M) 92 ff

V
Van-Eetuelde-Haus (Brüssel) 105
Vase (M) 96 ff
Venedig 37
Veracruz-Periode 54
Vondee, Norma 75, 93

W
Wände 18, 120
Wandbilder
  Aztekisches Schlangenwandbild (M) 64 ff
  Blaues Wandbild (M) 110 ff
  Islamisches Wandbild (M) 78 ff
  Kaktus-Wandbild (M) 56 ff
Wellenmotiv für Spritzschutz (M) 100 ff
Weltkriege 6, 105
Werkbank 16
Werkzeuge 14, 26

Z
Zahnstocher 51, 124
Zeichentisch 16
Zeichnen 19 f, 44, 93
Zement 12 f, 16
Zement färben, -farbstoff 13, 24, 66, 70
Zen-Buddhismus 87
Zoe, Kaiserin von Byzanz 37

DANKSAGUNG

Der Verlag dankt den folgenden Mosaikkünstlern für die Bereitstellung ihrer Arbeiten in diesem Buch:

  John Danson
  Claire Foss
  Susan Goldblatt
  Katy Hall
  Richard Hanson
  Donald Jones
  Tipper Lewis
  Marilyn Mansell
  Norma Vondee
  Steve Wright

Besonderer Dank gilt außerdem der Autorin Fran Soler für ihre Hilfe bei der Entwurfsplanung und Arbeitstechnik sowie bei der Gesamtgestaltung des Buches.

Smalten und Tesserae auf den Seiten 23 ff mit freundlicher Genehmigung von
  The Mosaics Workshop, Unit B
  443–449 Holloway Road
  London
  GB-N7 6LJ

Hammer und Untermeißel auf Seite 26 mit freundlicher Genehmigung von
  Les Clifton
  117 Highland Road,
  Bromley, Kent
  GB-BR1 4AA

Quarto Publishing bedankt sich für die Bereitstellung der Abbildungen außerdem bei:

  AKG London: 61 ol, 7 ol, 36 o & u, 87 u, 104/5 m, 105 u
  The British Museum, London: 55 m
  Clark/Clinch: 18 m, 105 or
  e. t. archive: 86 or, 87 o
  Pictor Uniphoto: 54 u
  Visual Arts Library: 6 r, 7 r, 37 o, 54 o, 55 o, 72 o & u, 73 o

o = oben, m = Mitte, u = unten, l = links, r = rechts

Das übrige Fotomaterial untersteht dem Copyright der Quarto Publishing plc.